수 필 집

부끄러운 추억

栢香 안은순 지음

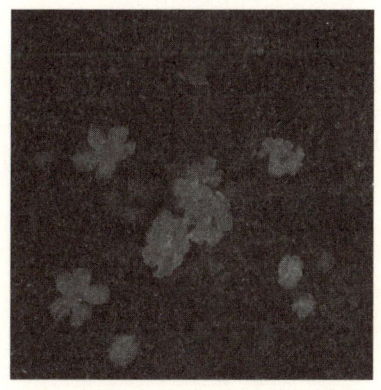

도서출판 한글

작가의 말
라일락 향으로 기억되는 글이었으면 한다

라일락향이 진동하는 계절이다. 가슴 깊숙이 마시어도 마시어도 질리지 않는 것이 참으로 좋은 향이다. 은은함이 폐부 깊숙이 스며들어 온 몸을 환하게 해주는 것이 향기롭다. 내 인생도 그런 향기로운 삶이고 싶다고 소원해 본다. 또 그렇게 살고 싶다고 생각해 본다.

긴 추위를 견디며 올해도 봄은 찾아 왔다. 우리 집 뜰에 심은 라일락도 봄을 맞아 꽃을 피우고 있다. 너무 수수하여 보라색의 작은 꽃들을 미처 보지 못했는데 그 향기로움에 두리번거려서야 발견했다. 라일락의 향은 이렇게 꽃으로는 눈에 띄지 않지만 향내로 지나가는 사람의 발걸음을 멈추게 한다.

수필집을 내놓게 되어 우선 시원하다. 결혼하기 전의 글까지 있으니 어지간히 게을렀다. 그 동안 시집보내지 못한 딸처럼 언제 출판하나 늘 마음이 무거웠는데, 뒤늦게, 공부에 쫓기느라 바쁜 때에, 출판을 하게 되어 마음이 더욱 분주하다. 그러나 임산부가 해산하는데 계절이 없듯, 내 수필집도 출판사를 만났으니 해산을 해야 했다. 막상 활자화 된다고 하니 부끄럽다. 책으로는 두 번째이고 수필집으로는 첫 번째이지만 처음 소설집 낼 때보다 더 긴장이 된다. 자랑스러울 것도 없는 내 인생의 고단한 삶과 역경 앞에서 힘이 돼 준 신앙적 편린과 상

4

처 등이 고스란히 드러나고 있으니 말이다. 여기에 긴 이야기
는 쓰고 싶지 않다. 인생은 미완성이라고 부족한 글 읽어주시
는 분들의 넓은 아량과 양해를 구하고 싶을 뿐이다.

사랑하는 우리 가족에게 감사드린다. 오래 된 글들을 컴퓨터
자판으로 쳐 주며 시종 무관심으로 일관한 우리 남편, 늘 격려
하며 글 제목도 달아 주는 등 관심을 갖고 도와 준 우리 아들
과 개척교회를 세우느라 바쁜 중에도 열심히 살아가는 든든한
우리 딸, 어떠한 환경에서든 나를 행복하게 해 준 귀여운 우리
손자 손녀들 그리고 묵묵히 지켜보는 사위와 며느리 나를 아는
고마운 지인들에게 감사드린다. 또 감상평을 후하게 해 주신
존경하는 이건숙 소설가님에게 진심으로 감사드린다. 부족한
글이지만 라일락의 향으로 기억되는 글이기를 바라는 마음 간
절할 뿐이다.

관악산 아래서   백향 안 은 순

추천의 말

타고난 글쟁이

이건숙(소설가)

　소설가 안은순의 글은 참으로 재미가 있다. 일단 손에 잡으면 흡인력이 있어 빨려 들어간다. 어려서부터 글을 쓰기를 좋아하고 책읽기를 좋아했던 것은 하나님이 주신 뿌리 깊은 그녀의 달란트라고 믿는다. 따지고 보면 그 달란트가 나이 들어도 쉬지 않고 활화산처럼 타올라 오늘의 모습으로 들어난 셈이다.

　사실 작가란 곧 그 사람이다. 속에 든 것이 무엇이냐에 따라 글노 그렇다. 속에 미움이 가득하면 미움이 쏟아져 나오고 사랑이 가득하면 사랑이 흘러나온다. 의심이 가득하고 시기가 가득하면 아무리 미사여구로 포장해도 글에는 그 흔적이 남게 마련이다. 일생 도망 다니면서 글을 쓴 독일작가 쉴러의 <군도>와 귀족생활을 한 괴테의 작품, 특히 70년간 집필했다는 <파우스트>는 풍기는 맛이 다르다. 작가는 그릇과 같아서 환경을 배경으로 영혼과 지성에 담긴 자신의 모습이 그대로 표출되게 마련이다. 대작을 쓴 위대한 작가들의 생애가 바로 작품에 담기는 것은 그런 이유이다. 그런 점에서 소설가 안은순의 글은 그녀를 곁에서 가까이 지켜본 내게 아주 가깝게 다가온다. 글이 그대로 그녀를 속속들이 내보이기 때문이다.

　여기 실린 수필은 사모와 소설이란 카페에 발표된 작품들이 주를 이룬다. 실릴 적마다 모두 읽었기 때문에 박수를 친 적이 많았다. 수필이란 속에 든 것을 솔직하게 고백하고 자신을 들어내게 마련이다. 소설은 포장을 하고 재미있게 가미하고 꾸미고 손을 많이 보지만 수필은 담백하게 자신을 나타내는 글이라

유리어항에 담긴 물고기를 보듯 투명하게 글을 쓴 사람을 볼수가 있다. 안은순의 수필은 솔직 담백하고 꾸밈이 없다. 순간의 느낌까지 다 쓰고 끝맺음은 언제나 나름대로의 결론을 내리고 자신의 마음에 마침표를 찍는다. 게다가 젊은 세대가 절대로 이해하지 못할 흘러가버린 세월의 농촌의 삶과 끈끈한 가족 간의 유대가 실린 수필들은 잊어버렸던 옛날, 유년의 숲을 회상하게 된다. 타고난 글재주로 누구나 쉽게 접근할 수 있고 공감대를 이루며 아하! 아주 솔직하고 담대하구나 하는 감탄을 자아낸다. 여기 실린 수필들이 소설가 안은순의 글인데 거기서 나의 모습을 보게 된다.

아무튼 그녀의 수필을 읽으면서 이런 결론을 내려 본다.

첫째 너무 재미있다.

둘째 진솔하고 솔직해서 친근미를 느낀다.

셋째 문장이 참으로 탄탄하다.

넷째 표현이 아주 좋다.

다섯째 읽는 사람으로 하여금 자신을 돌아보게 한다.

여섯째 참으로 인간적인 생각을 과감하게 표현하고 있다.

　　　(이 점이 이 수필집의 진미이고 특징이라고 할 수 있다.)

일곱째 그녀의 글은 흡인력이 있어 부담 없이 처음부터 끝까지 빨려 들어가게 된다.

여덟째 고차원적인 사건들이 아닌 누구나 겪을 수 있는 소소한 일상들이 아름답게 승화되어 있다.

아홉째 여성적인 감성이 세밀하고 적나라하게 표현되어 있다.

열째 권사이면서도 수필에서는 믿음과 생활을 잘 조화하고 있다.

첫 수필집 발간을 축하면서 계속 많은 수필을 쓰기를 바란다.

　　　　　　　　　　　　　　　　　2013년 4월 끝 날에

목 차

8

I.

실려 깨달으며

감동을 주는 사람

"예수 믿으세요."

산책로에서다. 분수대 앞에 앉아 휴식을 하고 있는데 한 여인이 아름다운 목소리로 전도지를 내민다.

"전 예수 믿어요. 수고 하세요."

부드럽게 말하고 앉아 있는데 어디선가 아름다운 찬양소리가 났다. 고개를 돌려보니 조금 전 전도지를 돌리던 여인이 아무도 의식하지 않는 듯한 표정으로 내 옆에 앉아서 찬양을 하고 있다. 얼핏 50대 정도로 보이는데 목소리가 아름답고 맑았다. 더구나 내가 좋아하는 You Raise Me Up이란 부르기 어려운 찬양을 하고 있는 것이 아닌가. 한때 그 찬양을 배우고자 컴퓨터 바탕화면에 꺼내놓고 따라 부르기도 했던, 그러나 원어로 하는 찬양인지라 끝내 배우지 못하여 지금도 아쉽기만 한 노래다.

"어머, 어려운 노랜데 넘 잘 부르세요."

여인의 찬양이 끝나기를 기다렸다가 진심으로 칭찬을 했다. 그리고 여인이 들고 있는 악보를 나도 보자며 들여다봤다. 영어악보에 한국어로 번역이 되어 있다. 여인은 한국어로 하다가 원어로 하다가 하며 자유자재로 찬양을 하는데 평범한 주부로만 보았던 내 생각을 바꾸게 했다. 범상치 않은 분이네!

"나도 좋아하는 노랜데 같이 불러요."

원어로 여인이 노래를 하자 나는 슬그머니 여인 옆으로 다가 앉으며 악보를 따라 같이 불렀다. 가스펠 가수 소향의 노래를 원어로 연습한 지난날의 기억을 살리며 따라 불러 보지만 역시 역부족일 뿐이다. 그러나 여인은 높은 음도 곧잘 넘기면서 끝까지 다 부른다. 내가 미처 따라가지 못하는 부분에선 음을 끌어 올리는 기법을 가르쳐 주기도 했다. 이렇게 나와 대화가 열린 여인은 자기가 찬양전도를 하게 된 사연을 이야기하기 시작했다.

일찍이 혼자 된 여인은 딸 하나를 키우며 온갖 고생을 하며 살았다. 그러나 하나님을 알게 된 뒤로 봉사를 하고 싶어서 찬양대에 들어가 봉사를 하던 중 노래실력을 인정받았다. 높은 음을 내는 부분에서 특히 인정받았다. 여인은 <당신은 나를 일으키신다(you raise me up)>가 자기의 간증 노래 같아 특찬을 하겠다고 했다. 그랬더니 전도사님이 같이 하자며 안 보고 부를 때까지 연습해 오라고 해서 하루 30 번 정도 부르고 있다. 그래서 지금도 연습 삼아 부르는데 이상하게도 사람들이 자기의 노래에 감동받는다고 하여 이왕이면 전도하면서 부르자고 이렇게 사람이 많은 곳을 찾아와 노래연습을 한다고 했다. 여인이 말하고 있을 때 주변에 고기 집을 개업하였다며 젊은 청년 둘이 양념한 갈매기살을 가지고 와서 시식해 보라고 권한다. 여인은 반가워하며 고기를 먹어 보더니 아주 맛있다고 칭찬을 아끼지 않는다. 그제야 나도 한 점 먹어보니 고기가 입안에서 녹는다.

"어디예요? 맛있는데 가격은 얼만가요?"

"600그램에 일만 오천 원입니다."

"어머 싸네! 우리 내일 고기 먹으러 가요."

내가 말하자 여인도 맞장구를 쳤다.

"그래요. 손문 고기 집 이름도 쉽네요."

"고기값은 제가 낼게요."

"호호호 . 그럼 제가 컴퓨터 배우고 나면 12시니까 12시 30분에 만나요. 손문 고기 집에서요."

여인과 나는 통성명을 하고 다음 날을 기약한 후 헤어졌다. 길에서 처음 만난 사람이건만 조금도 이상한 생각이 들지 않고 오랜 친구처럼 느껴지는 것이 내일 고기값을 낸다 해도 손해 보는 것 같지 않고 좋았다. 이유를 생각해보니 그 여인과 나는 몇 가지 공통 관심사가 있었던 것 같다. 우리는 교회는 달라도 크리스천으로서 전도에 관심이 있었고, <당신은 나를 일으키신다>를 좋아했다는 점이다. 돌아오면서 김승옥의 소설, 서울 1964년이 생각났다. 공무원인 나와 대학원생인 안이라는 청년과 또 한 사람 아내를 잃은 남자가 포장마차에서 만나 하루 밤을 여관에서 자게 된다는 내용의 소설이. 그들은 사소한 발견 게임을 하면서 대화를 하게 되고 같은 여관에서 잠까지 자는 것이다.

때로 세상은 생각보다 녹록한 것 같다. 몇 년을 사귀어도 믿지 못하는 사람이 있는가 하면 단 한 번의 만남으로도 쉽게 마음을 열고 소통이 되니 말이다. 그 이유는 감동을 어떻게 주느냐에 달려있는 것이 아닌가 생각해 본다. 감동은 진실에서 나온다. 진실은 곧 신뢰로 이어지고 신뢰감은 믿음을 준다. 그런 의미에서 볼 때 여인은 오늘 나에게 많은 감동을 준 것이 틀림없다.(2012.9.12)

오아시스

아침 산책을 갈 때마다 들르는 한 모금 샘을 어느 날부턴가 오아시스라고 부르고 있다. 주차장에서부터 경보로 쉬지 않고 40여 분을 걷고 있노라면 등줄기에서 땀이 나고 온 몸이 더워진다. 그때마다 겉옷의 단추를 풀고 목도리를 벗어도 땀은 그치지 않고 목은 갈증으로 탄다. 이럴 때 한 모금 샘이 적당한 위치에 있는 것이 고맙다. 산행하는 사람들은 대부분 한 모금 샘으로 가서 빨간 색, 파란 색의 조롱박으로 물을 받아 마시고 잠시 주변 경치를 음미하다가 다시 길을 떠나는 것이다. 나 역시 여기까지는 쉬지 않고 걸어와 한 모금 샘물로 목을 축이고 돌아온다. 물 한 모금으로 얼마나 정신과 육체가 새 힘을 얻는지 모른다.

좋은 환경에 부자 부모를 두고 잘 나가는 사람은 아니겠지만 대부분의 사람들은 인생이 고난의 길이라는 것을 알 것이다. 힘든 공부를 해야 하고 끝없는 경쟁 속에서 사투해야 하고 다니기 싫은 직장에 다녀야 하는 등 고달픈 삶의 연속이기 때문이다. 그래도 사람들은 이 길을 묵묵히 걸어가며 때때로 기쁨과 환희를 맛보고 인생을 배우고 지혜를 얻는 것 같다. 그것은 우리의 삶이 사막과 같을 지라도 때때로 목마름을 달래 줄 오아시스를 발견하기 때문이다.

초등학교 시절 나는 4학년이 되도록 공부하는 재미를 몰랐다. 기역 니은 등 한글을 배우고 하나 보태기 하나같은 셈 을 배워도 얼른 깨닫지 못하였기 때문이다. 무학이었던 부모님은 취학통지서가 나왔으니 학교에 보냈을 뿐 글을 가르쳐 주지 않았으니 깨닫는 것이 더딘 것이다. 당연히 학교 다니는 것이 즐겁지 않았다. 4학년이 되자 새 선생님이 오셨다. 선생님은 다른 것은 몰라도 그림을 잘 그리고 붓글씨를 잘 쓰는 나를 인정해주었다. 내 그림이나 붓글씨는 언제나 뒤에 붙여졌다. 그때부터 학교 다니는 것이 즐거웠다. 특히 붓글씨 시간이 즐거웠다. 붓글씨 대회에 뽑혀 다녔으니까. 누군가로부터 인정받는다는 것은 삶의 에너지를 공급받는 것과 같다. 마치 사막에서 오아시스를 만난 것 같이.

오아시스는 사람을 살리고 춤추게 한다. 이 세상에서 살아갈 힘을 갖게 한다. 가도 가도 끝이 없는 사막에서 따가운 태양을 종일 머리에 받으며 걸어야 하는 아라비아 상인들은 낙타의 등에 실고 간 물이 다 떨어지기 전에 오아시스를 찾아야 했다. 사막에서 오아시스는 생명줄이다. 오아시스를 찾지 못하면 탈진하여 쓸어져 죽고 만다. 인생살이에서도 목마름, 갈증, 스트레스, 고통은 면역력을 약하게 하여 생명을 단축시키고 마침내 병들어 죽는다고 들었다.

네 나이가 몇이냐? 성경에서 바로왕은 야곱에게 묻는다. 그때 야곱은 내 나이가 얼마라고 단 답 하지 않고 고달프게 살아온 인생을 말한다. '우리 조상의 나그네 길의 연조에 미치지 못하나 험악한 세월을 보내었나이다.' 라고. 야곱은 끝없는 사막

I. 감동을 주는 사람 17

의 길을 걸었던 사람이다. 형의 미움을 받아 도망자가 되고, 두 아내를 얻기 위해 외삼촌 라반의 집에서 20년 동안 머슴살이를 하기도 한다. 그런데도 야곱이 성공적으로 살 수 있었던 것은 그 때마다 삶의 오아시스를 만났기 때문이다. 야곱은 외삼촌 집에서 사랑하는 여자 라헬을 만난다. 사랑은 힘이고 소망이다. 요셉에게 있어서 라헬은 꿈이자 희망이고 위안이었다. 요셉이 외삼촌 라반의 집에서 품삯도 받지 않고 머슴살이를 하면서 묵묵히 20년을 견딜 수 있었던 것은 오직 라헬이 있었기 때문이다. 라헬은 야곱에게 있어서 오아시스였던 것이다.

이렇듯 사람들은 사막과 같은 인생길에서 오아시스를 만난다. 오아시스는 사랑하는 사람이 될 수도 있고, 재물이 될 수도 있고, 명예나 권력 혹은 취미나 예술이 될 수도 있겠다. 내 존재를 느끼게 하고 인정하며 자존감을 줄 수 있는 활력과 위로가 되는 것 오늘도 내가 살아갈 힘이 되고 기쁨과 행복이 되는 오아시스를 찾은 사람은 진정으로 행복한 사람이고 복 받은 사람임을 알아야겠다.

올해도 캘린더는 한 장 한 장 낙엽이 지듯 사라져 가고 있다. 마지막 남은 두 장의 달력 앞에서 지나 온 세월을 감사해 본다. 무엇보다도 분단의 대립 속에서도 안정되고 평화롭게 산 것이 감사하다. 그리고 온 가족이 크게 아프지 않은 것을 감사해 본다. 올해는 대통령을 선출하는 대선의 해다. 나라를 위한 기도도 빼놓을 수 없다. 이 땅에 평화를 주소서. 청년실업이 해소되고 범죄가 사라지는 나라가 되게 하소서. 희망을 잃은 청년들이 진정한 오아시스를 만나는 나라가 되게 하옵소서.(2012. 10. 19)

부드러움

해외 골프 회원권이 있다는 지인의 권유로 신년 연휴에 필리
핀으로 골프를 하러 갔다. 말로만 듣던 해외 골프여행 대열에
내가 낀 것이다. 7박 8일이라는 짧지 않은 기간을 골프만 한다
고 한다. 영하 10도 이상 오르내리는 한국의 강추위를 피해 우
리 일행은 초가을 날씨처럼 맑고 푸른 필리핀 골프장으로 날아
갔다.

첫 날은 9홀만 돌고 전신 마사지를 받으며 몸을 풀었다. 다
음 날부터 본격적으로 골프가 시작되었다. 모두가 36홀을 돌
겠다며 기대가 컸다. 그러나 필리핀 골프장은 진행이 타이트하
지가 못해 생각보다 흐름이 느렸다. 캐디와 주최 측이 소통이
잘 안 되는 듯 뒤에서 밀려와도 진행을 서둘지 않아 한없이 기
다리게 만들었다. 우리는 앞 팀이 그린을 빠져 나갈 때까지 카
트 카에 앉아 있어야 했다. 36홀에 대한 꿈은 무산됐다. 27홀
을 치자 벌써 해가 저물어 가고 있었기 때문이다. 그래도 남자
들은 어두움에도 불구하고 36홀을 기어이 돌고 나온다며 골프
를 멈추지 않았다.

골프는 실력이 비슷하고 맘이 맞는 사람이 아니면 스트레스
를 많이 받는다고 한다. 그래서인지 여자들은 여자들끼리 하고
싶어 했다. 하지만 필리핀까지 와서 부부가 갈라져서 하는 것

이 재미없었는지 셋째 날부턴 고르게 분배하며 했다. 실력이 비슷한 사람끼리 또는 여성과 남성으로 때로는 같이 치고 싶은 부부끼리 여러 번 팀을 바꾸면서 했다.

　나의 골프실력은 같이 간 여성 중에 꼴찌였다. 둘째 날 여성 팀 끼리 했는데 미안할 정도로 공이 안 떴다. 공을 코앞에 떨어뜨리면서 18홀을 겨우 돌았다. 다행히 여자들의 성격이 좋아서 서로 가르쳐주면서 격려하며 화기애애하게 마쳤다. 다음 날도 나의 몸 컨디션은 풀리지 않았다. 어제보다는 조금 나아졌지만 오십 보 백보였다. 나흘째 되는 날, 보다 못한 친구가 어깨의 힘을 빼라고 훈수를 했다. 그 동안 얼미나 이깨의 힘을 빼라는 소릴 들었던가. 그런데도 아직 어깨의 힘이 다 빠지지 않았단 말인가. 의기소침해진 나는 친구가 시키는 대로 어드레스를 취하고 어깨를 둥글게 하여 낮추고 최대로 힘을 뺀 후 공을 쳤다. 어깨를 축 늘어뜨리듯이 하고는 이판사판 가르쳐 주는 대로 공을 쳤다. 이렇게 해서 공이 나가기나 할까 하며. 그런데 드라이버에 맞는 공의 감각이 다른 때와 달랐다. 그리고 쭉 뻗은 팔의 회전력에 저절로 허리가 돌아가는 것이 감이 좋았다. 아니나 다를까. 공이 하늘 높이 떠오르며 창공을 가르고 똑바로 나가는 것이 보였다. 굿샷! 굿샷! 여자들의 에너지 넘치는 탄성에 내 기분도 최고가 되었다. 골프한지 3 년 만에 비로소 골프의 재미를 알았다. 바로 이 맛이구나. 마음은 떠오른 공만큼이나 붕 뜨고 즐거웠다. 힘을 뺀다는 것이 얼마나 위대한 힘을 발휘하는지를 안 것이다.

힘을 뺀다는 것은 인생살이에도 필요한 것 같다. 부드러운 즉 소프트한 사람은 인간관계에서도 친밀감을 준다. 붓글씨를 쓰는 사람이라면 부드러움이 뭔지를 잘 알고 있다. 붓을 든 팔에서 힘을 뺏을 때 글씨는 힘이 있게 쓰여 진다는 것을 말이다. 어깨의 힘을 뺐을 때 드라이버의 헤드에서 강한 힘이 나오듯 삶 속에서도 힘을 빼는 노력이 필요한 것이다. 부드러운 얼굴, 부드러운 목소리는 얼마나 편하고 좋은가. 힘이 들어간 뻣뻣한 얼굴보다 잔잔한 미소에 부드러운 표정이 호감이 가듯 말이다.

어릴 때 아버지한테 삼국지에 나오는 항우와 유비에 대해서 들은 적이 있다. 이야기의 요지는 항우는 힘은 천하장사였지만 지혜가 부족하여 덕망과 지혜가 넘치는 유비를 이기지 못하였다는 것이다. 이를테면 어느 날 왕의 속옷에서 쌀 한 톨만한 생물이 나왔다. 왕은 이 생물을 항우한테 보여주며 죽이라고 했다. 항우는 그 생물을 우람한 주먹으로 쳐서 죽이려고 했다. 그러나 생물은 죽지 않았다. 두 번, 세 번 쳐도 죽지를 않았다. 항우는 당황해서 땀을 흘렸다.

옆에서 지켜보던 왕은 그 생물을 죽이는 사람에게 포상을 하겠다고 선포한다. 이 소식을 들은 유비가 그 생물을 죽이겠다며 왕한테 나아갔다. 그리고 손톱으로 쌀 톨 만한 생물을 힘 하나들이지 않고 죽였다. 오- 천하에 항우도 못 죽이는 것을 유비가 해치우다니, 힘보다 지혜로다! 아버지의 이야기는 짧았지만 두고두고 기억하며 지혜를 배운다. 그래서인지 유비 같은 부드러운 이미지를 호감하게 되었다. 이것이 어디 나 뿐이겠는

가. 대부분의 사람이 나와 같을 줄 안다. 그래서 부드러운 얼굴을 가진 사람이 지도자가 되고 또 그런 사람이 지도자가 될 때 나라도 회사도 가정도 평안함을 느낀다. 부드러움은 능력이다. 세 치 혀만큼 부드러운 것이 있을까. 그러나 이 혀가 사람을 죽이기도 하고 살리기도 한다는 것을 우리는 알고 있다. 진정한 능력은 부드러움에서 나옴을 잊지 말아야겠다.(2012)

가치 있는 삶이란

임용고시를 준비하던 딸이 어느 날 선교의 꿈을 갖고 신학을 공부하겠다며 총신대학원에 입학을 했다. 가치 있는 삶을 살고 싶어서란다. 그때 우리 부부는 많이 반대했지만 뜻이 확고한지라 결국은 허락했던 기억이 난다.

나는 오십대 중반을 넘어서도 인생의 목적이 무엇인지 모르겠는데 딸은 이십대에 인생의 목적을 확실하게 안듯 불도저처럼 밀고 나가는 것이 패씸하기도 하고 부럽기도 했다. <먹든지 마시든지 무엇을 하던지 주의 영광을 위해 살라 그리하면 주께서 너희 행사를 지키시리라.> 라는 성경말씀이 딸에게 확실한 선택을 하게 한 것 같았다. 지금은 결혼하여 목회자 사모가 된 딸은 남편과 함께 젊은이들 중심 선교를 하며 개척교회를 4년째 하고 있다. 딸 내외는 교회를 세워가면서 힘들 때도 많겠지만 우리 교회 엄청 부흥되겠어! 하며 매주 마다 새 신자가 온다며 즐거워한다. 그래서인지 그때 딸이 원하는 대로 해 준 것을 잘 했다고 생각한다.

자기의 진로를 바꾼다는 것은 정말 어려운 것 같다. 나도 그 중의 한 사람이라고 생각한다. 이 길은 아니다 싶을 때 과감하게 진로변경을 하는 용기는 명료한 분별력과 사명감이 뒷받침되어야 한다고 본다. 그런 면에서 딸은 나보다 현명했고 결단력이 있었다. 그 당시 딸은 내게 고시원을 그만두고 다시 글을 쓰면 좋겠다고 했다. 사람마다 다 달란트가 있는데 엄마는 글을 잘 쓰니까 글을 쓰는 것이 무엇보다 보람된 일일 거라고 했다. 그것이 절대 후회하지 않을 가치 있는 삶이고 하나님께 영광 돌리는 삶이라는 것이다. 너희들 가르칠 돈은 어떻게 하고? 순간 나는 부모덕에 어렵게 살아보지 않은 딸이 철없다고 생각했다. 그러자 딸은, 엄마가 글을 쓴다면 하나님은 다른 방법으로 우리 가정을 도울 것이라며 기도해보라고 했다. 그러면서 덧붙이길 하나님은 한 사람 한 사람 지으실 때 다 계획이 있으신데 엄마는 좋은 글을 써서 많은 사람에게 감동을 줄 사명이 있다는 것이다. 그때 난 속으로 웃었다. '지가 뭘 안다고.'

글을 멀리하고 창작하지 않은 지도 오래됐다. 햇수를 셈해보니 18년이다. 그 동안 몇 번 작품 발표는 했지만 그것은 모두 습작기 때 써 놓은 것이다. 원고청탁이 있을 때마다 하나씩 보내었다. 그것이 활동 증거가 되어 올해는 한국소설가협회와 한국 문인협회에 입회했다. 입회하고 보니 같이 공부하던 여사들 몇몇은 그 동안 등단하여 활동하고 있음도 알게 되었다. 자극이 되었다. 생각해 보면 바쁘다는 말도 핑계일 뿐이다. 대한민국 주부들이 나만큼 안 바쁜 주부가 몇이나 된다고. 그 많은 수다만 안 떨었어도, 그 많은 드라마만 안 보았어도 소설 몇 권은 썼을 텐데. 맘만 있으면 원룸을 그만두지 않아도 글을 쓸 수는 있었다. 글 쓰는 작업은 외로운 길이다. 나는 능력 부족도 느꼈지만 그런 외롭고 고독한 길이 더 싫었던 것 같다. 돈도 되지 않으면서 끝날 줄 모르는 공부를 해야 하는 글쓰기보

다 돈도 벌고 건강도 지키며 재미나게 사는 것이 더 즐거웠던
것 같다.

　어느 날 서랍 정리를 하다 등단 작품을 읽었다. 내 글인데도
잘 썼다는 생각이 들었다. 이창동 선생님의 심사평엔 대성을
기대한다고 쓰여 있다. 좋은 영화를 만드는 감독으로 존경받는
훌륭한 선생님인데 후한 평이었다. 그것은 앞으로 정진하라는
격려의 뜻이겠지만 그 심사평이 부채처럼 내 마음을 짓눌렀다.
심사하신 선생님께 보답하는 마음으로라도 열심히 쓰지 않고
뭘 했나 싶었다. 헛 세상을 산 것 같았다. 아들에게 말하자 그
대신 돈을 벌었잖아요. 한다. 돈? 그렇다 난 노후를 걱정하지
않을 정도의 여유는 가진 것 같다. 그 뿐이다. 요즘은 어떤가.
두 딸을 키우며 개척교회를 한다고 늘 허둥대는 딸네 살림까지
돕느라 화장도 못한 채 선머슴같이 뛰어다니는 내 모습을 보며
회의를 한다. 내가 계속 글을 썼더라면 지금쯤 명사는 못 되어
도 문사는 되지 않았을까 싶어서다. 딸도 엄마가 하릴없이 사
니 걸핏하면 찾는다. 결혼 전에는 엄마에게 달란트인 글을 쓰
라고 권유하였지만 지금은 별로 달가워하지 않을 것 같다. 그
도 그럴 것이 시간밖에 없어 보일 땐 그토록 써보라고 해도 안
쓰더니, 이제 아이 돌보랴, 개척 교회하랴, 남편 뒷바라지 하
랴 눈코 뜰 새 없이 바쁜 지금에 와서 글을 쓴다고 하면 숫제
딸 일을 돕지 않으려는 구실처럼 보일 테니 말이다. 어쨌든 나
는 다시 글이 쓰고 싶어졌다. 정말 내게 글 쓰는 달란트가 있
는지는 나도 모른다. 지금까지 살아오면서 그래도 인정받은 것
이 글쓰기가 아닌가하는 생각이 들어서다. 고교시절 글만 쓰면

상을 받았다. 그리고 어렵다던 신춘문예로 소설당선까지 한 것을 보면 딸의 말대로 글쓰기는 하나님이 주신 재능인지도 모르겠다.

작은 티크 상 하나를 놓고 저녁마다 책읽기를 시작했다. 가벼운 마음으로 잠자리에 들 때는 책읽기나 글쓰기에 몰두한 날이다. 숙제를 마친 학생처럼 기분이 가뿐하니 상쾌하다. 그럴 때 생각한다. 그래 이거로구나. 내가 진정 해야 할 일이. 자기의 기쁘신 뜻을 위하여 우리에게 소원을 두고 행하게 하신다는 빌립보서 2장의 말씀이 요즘처럼 마음에 닿은 때는 없는 것 같나.(2010)

세상에서 가장 귀한 보물

막내시누이의 아들 돌이라
고 하여 금은방에 들렀다. 진
열대는 갖가지 장신구로 황홀
하였다. 우선 주머니사정에
맞게 돌 선물을 산 다음 오랜
만에 여자다운 호기심에서 진
열장 안을 구경하였다. 진주, 다이아몬드 등 이름도 모를 갖가
지 보석들은 잠시 내 마음을 흔들었다.

결혼 때 받은 스타 반지는 두 달도 못 돼 서울 가서 방 얻을
목돈을 마련한다고 처분한 뒤로 지금까지 금붙이라고는 가져
본 일이 없다. 그래서인지 값진 반지를 낀 예쁜 손을 볼 때마
다 부러웠다. 더 늙기 전에 내 손가락에도 예쁜 반지를 끼어
보고 싶었다. 어쩌다 여유 돈이 생겨도 반지를 산다는 것은 쉽
지가 않았다. 그 동안 미루고 있던 것부터 해결해야 했기 때문
이다.

진열장 앞에 붙박이처럼 붙어 서서 이 반지 저 반지 가격을
물어 보았다. 그리고 끼워 보라는 주인의 권유에 따라 투박한
손가락이 창피한 줄도 모른 채 끼어도 보았다. 내 손은 반지에
따라 달라 보였다. 아이보리색의 진주반지는 내 손을 창백하게

여윈 손처럼 보이게 했고, 붉은 빛의 스타반지는 흰 살결이 아
닌 탓인지 촌스럽게 보였다. 하지만 녹색의 비취반지는 내 손
을 한층 젊고 청결하게 돋보이게 해서 좋았다. 당장 비취반지
를 사고 싶었지만 주머니 사정이 안 되었다. 금은방을 나오는
마음은 아쉽기만 했다.

집에 돌아오니 초등학교 3학년짜리 딸아이가 책상에 앉아
열심히 공부를 하고 있다. 엊그제는 학기말시험을 잘 보더니,
산수경시대회를 위해 공불 한단다. 엄마도 없건만 스스로 공부
를 하는 딸이 얼마나 대견한지 문득 딸이 보석보다 몇 백배 귀
함을 깨달았다. 딸은 공부도 스스로 잘 하지만 하루도 빠심없
이 일기를 쓰는 성실함도 있다. 나는 딸을 꼬옥 안아주며 엉덩
이를 아프도록 토닥거려 주었다. 비록 예쁜 반지는 못 산 날이
지만 보석처럼 사랑스런 딸이 있다는 것이 얼마나 행복한지.
이 세상을 다 주어도 바꿀 수 없는 내 딸!(1988)

그 늘

골프장에 가면 그늘 집이라는 것이 있다. 공을 치다가 목이 마르거나 허기가 들면 음료수나 간식을 먹으면서 잠시 쉬어가는 곳을 말한다. 골프장마다 다르지만 대부분 나인 홀일 경우 4홀이나 7홀로 가는 지점에 있다. 그래서 18홀을 도는 동안 네 번 정도 그늘 집에서 목을 축일 정도의 휴식을 취할 수 있다. 그 짧은 휴식이 얼마나 큰 에너지로 새 힘을 공급하는지 골프를 한 사람은 다 알 것이다.

여름날의 골프는 작열하는 햇살 때문에 여간 덥지가 않다. 더구나 여자들은 피부를 노출하지 않으려고 두 겹으로 얼굴을 감싸고 모자에다 선글라스까지 쓰기 때문에 체온이 높아져서 땀을 줄줄 흘리며 공을 쳐야 한다. 바람이라도 불어 주면 그나마 다행인데 바람 한 점 없는 날이면 그야말로 죽을 맛이다. 가장 더운 시간대인 12시에서 4시 사이에 타임이 끼일 때면 이건 그야말로 사력을 다해야 하는 중노동이 되고 만다.

지난 7월 9일의 골프가 그랬다. 아침 시간대를 놓치자 우리가 할 수 있는 시간대는 가장 더운 11시 40분밖에 없었다. 필드에 나갈 때마다 운이 좋게 가랑비가 오거나 흐렸기 때문에 7월 초순의 찜통더위를 미처 생각지 못하고 골프에 목마른 우리 팀들은 걸신들린 듯이 공을 치자는데 마음을 합했다. 그도 그

럴 것이 그 골프장은 직원들 체력단련 장으로 퇴직자 부부 골
프는 한 달에 두 번으로 요일까지 정해져 있어서 그 날 못하면
두 주를 더 기다려야 하기 때문이다.

점심도 거르고 약간의 간식과 물만 준비한 채 시작된 골프는
나인 홀을 돌 때까진 그런대로 할만 했다. 아직은 우리의 체온
이 따가운 햇볕을 받아들일 여유가 있기도 했고 무엇보다 가지
고 온 과일과 떡, 두 줄의 김밥이 있었기 때문이다. 그러나 점
심을 안 먹은지라 간식거리는 금방 다 떨어졌고 햇볕이 따가워
지면서부터는 한 홀 한 홀 넘어가는 것이 힘이 들기 시작했다.
14홀에 이르렀을 때는 언덕 아래로 내려가는 것이 힘들어 그
홀을 빼먹을 정도였다. 14홀은 비거리가 짧은 파 스리 장으로
해저드로 공을 넘기기만 하면 버디를 할 수 있는 기회를 얻는
다. 때문에 웬만큼 공을 친다면 여자들도 버디를 꿈꾼다. 그러
나 비거리가 짧은 나 같은 초짜들은 공을 해저드에 빠뜨릴까봐
전전긍긍하는 곳이기도 하다.

점심 한 끼 안 먹었다고 공을 못 칠 만큼 지치랴 했는데 날
씨가 너무 더운 때문인지 허기를 참기가 어려웠다. 설상가상으
로 잔디밭에서 올라오는 훅훅 끼얹는 지열은 찜통 속을 걸어
다니는 것 같았다. 머리가 아프기 시작했다. 모자의 고무줄 때
문인가 싶어 모자를 느슨하게 써보기도 하지만 여전히 머리는
쑤시고 아팠다. 그뿐인가. 자외선으로부터 눈을 보호하기 위해
착용한 선글라스는 장시간 쓰고 있어서 귀 밑을 찍어 누르는
듯 압박하였다. 그러니 머리가 더 아픈 것 같았다. 여기에 땀

에 젖은 바지는 자꾸만 내려가고 장갑도 철떡철떡 젖어 버렸다. 공치는 것이 지겨웠다. 골프장에 갈 때마다 갈까 말까 망설였다가도 막상 푸른 잔디밭만 보면 공에 미치곤 했는데 그만하고 싶어졌다. 쇳덩이나 다름없는 골프채를 카트에 끌고 다니니 다리도 천근만근 무겁고 아팠다.

마지막 홀인 18홀로 넘어가는 언덕에서 더 참지 못하고 주저앉고 말았다. 나무 그늘이었다. 팀원들이 기다리고 있었지만 못하겠다고 손을 들어 사양하고 두 다리를 뻗고 앉아서 쉬었다. 한 번 앉으니 일어나기가 싫었다. 시간은 네 시를 넘기고 있었다. 앞 팀도 지쳤는지 진행이 자꾸만 느려졌다. 자동적으로 우리도 예상 시간을 넘기고 있었다. 나는 그러거나 말거나 한 홀을 느긋하게 쉬면서 그늘의 고마움에 빠져갔다.

내 삶의 그늘이 생각났다. 그늘의 의미는 긍정적인 것도 있고 부정적인 것도 있다. 내 삶에 보탬이 된다면 긍정적이지만 걸림돌과 같다면 부정적인 것이 되겠다. 나에게 도움을 주었던 주변 사람들은 그런 면에서 긍정적인 그늘에 속한다 하겠다. 특히 부모님이야말로 광야의 구름기둥과 불기둥 같은 그늘이라고 본다. 온갖 헌신과 희생으로 키워주고 가르쳐 준 은혜는 두고두고 고맙다. 부모님이 없었다면 어떻게 이 험하고 냉혹한 세상을 살았을까. 결혼해서 자식을 낳지 않았다면 죽을 때까지도 몰랐을 것 같은 희생의 사랑을 자식을 낳고서야 알았으니까. 내 살점이라도 떼어 주고 싶을 만큼 금쪽같은 자식이 아니던가. 그런데도 철없이 불평하고 반항하며 살았다. 온갖 햇빛을 막아주고 시원한 바람이 되어주기도 하던 부모님의 그늘은 만고불변의 사랑이었다.

나에게 있어서 또 다른 부정적인 그늘은 가난이라고 본다. 우리 부모는 가난한 농부였다. 식구는 대식구인데 언제나 돈에 쪼들렸다. 일찍이 예수를 믿은 부모님은 술이나 담배를 안 하는 성실파였지만 가난 때문에 힘들게 사셨다. 학교 다닐 때 아버지한테 학비를 온전히 타 본 적이 없었으니까. 천원이 필요한데 오백 원만 주는 식이었다. 미술 준비물이나 가사 준비물을 제 때에 사 본 적이 없다. 다른 애들보다 머리가 나쁘지 않았지만 공부 못하는 학생 내우를 받은 것도 다 그런 이유였을 것이다. 가난은 내게 학창시절의 그늘진 삶의 이유가 된 것이다. 그러나 돌이켜보면 긍정적인 것이나 부정적인 것이 모두가 내 인생에 보탬이 되어준 그늘임을 깨닫는다. 가난으로 인해 불편한 것도 많았지만 얻은 것도 많았으니까. 가난 때문에 대학을 다니지 못했을지라도 인생을 배우고, 돈의 가치를 터득하고 삶의 방식을 깨달았으니까. 우리는 왜 가난하냐고 투정했던 것이 얼마나 어리석고 우매했던가를 반성해본다.

생각해 보니 아직도 나는 좋은 그늘과 나쁜 그늘을 가지고 있는 것 같다. 바로 남편이라는 그늘이다. 내 부모님과 산 세월보다 더 많이 산 동반자, 남편의 그늘이야말로 둘이서 동고동락하며 살아온 세월만큼의 그늘이 아닌가 싶다. 우리 부부를 지탱케 한 힘이 여기에 있음을 깨닫는다. 속 썩일 때는 밉기도 하고 차라리 남이기를 바란 적도 있지만 그 남편이 있었기에 얼마나 당당하고 떳떳하게 살았던가. 그런대도 이런저런 이유로 해서 그 이치를 망각했던 것 같다. 남편이 항암 치료를 할 땐 살아 있어 주기만을 간절히 기도하지 않았던가. 새삼 남편의 그늘이 얼마나 소중하고 편안한지를 생각해 해 본다. 퇴직한 뒤로 놀기만 한다고 구박한 것이 반성된다. 집 밥보다 외식을 많이 하여 반찬을 소홀히 했는데 오늘은 남편이 좋아하는 고등어조림이라도 해야겠다. 매운 고추와 양파를 넣으면 더 좋아할 것 같다.(2011)

강한 것만이 살아남는다

오랜만에 화단 정리를 했다. 잡풀을 솎아내고 죽어버린 나무를 잘라내는 일이었다. 올해는 어느 해보다 추위가 길어 다른 해보다 꽃이 늦게 핀다 싶었는데 화단 정리를 하며 보니 철쭉이 많이 죽은 것을 알았다. 긴 추위에 가뭄까지 겹쳐서 죽은 것이다. 그러나 철쭉을 가로막고 있던 사철나무는 싱싱하게 잘 자라고 있다. 철쭉꽃을 보기 위해 사철나무 가지가 뻗는 대로 잘라주며 구박했건만 사철나무는 여봐란 듯이 긴킹하게 잘 지라고 철쭉은 죽어버린 것이다. 철쭉의 잔가지를 꺾어 보니 뿌리까지 죽었는지 뚝뚝 부러져 버린다. 식물도 생존경쟁이 치열하다는 영상을 본 적이 있는데 사철나무는 잔가지를 잘라내는 고통 속에서도 뿌리내림 싸움에서 철쭉을 이긴 것 같았다. 어쨌든 우리 화단에서 가장 화사하던, 그래서 봄이면 현관 앞을 아름답게 장식해 주던 철쭉이 올해는 5월이 다 가도록 개화도 못하고 죽은 것이 못내 안타깝다.

우리 집 화단은 현관으로 올라오는 계단 왼편에 있다. 현관을 오르내리며 꽃을 볼 수 있도록 만든 것인데 주인인 내가 게으른 탓에 예쁘고 아기자기하게 가꾸지를 못한다. 그런데도 봄이면 철쭉이 있어서 참 화사했었다. 화단에는 철쭉 몇 그루와 회향나무 몇 그루가 전부지만 앞집의 철쭉뿐인 화단과 맞닿아 있어서 봄이면 빨강, 주황, 하얀 꽃으로 장관을 이룬다. 지나가는 사람들이 잠시 걸음을 멈추고 꽃구경을 하고 사진을 찍을

정도다. 어떤 사람들은 아예 온 가족이 몰려와서 가족사진을
찍고 가기도 한다. 그런데 올해는 앞 집 철쭉도 시들하게 피고
우리 집 것도 죽었으니 봄이 돼도 현관 앞 풍경이 쓸쓸하다.
그런데 달라진 것이 있었으니 그 동안 작고 볼품없던 사철나무
를 비롯해 라일락, 단풍나무, 매실나무가 훌쩍 컸다는 점이다.
큰 나무가 없어서 여름이면 그늘 한 뼘 없이 덥고 가을이면 열
매가 없는 것이 아쉬워서 정원수와 유실수를 몇 그루 사다 심
었는데 그것들이 철쭉을 죽이며 자란 것이다. 식물세계의 냉혹
함을 보는 것 같았다.

　미국 LA에서 가로수로 서 있는 야자나무가 전봇대처럼 길
게 높이 자란 것을 많이 보았다. 바람이 불어도 길쭉한 몸이
흔들리기만 할 뿐 쓰러지지 않았다. 어떻게 저리 기다란 나무
가 흔들리기만 할 뿐 쓰러지지 않을까 싶어 지나는 사람에게
물어보니 뿌리가 깊기 때문이란다. 사막과 같은 모래땅이라서
뿌리를 나무의 키만큼 깊이 박고 있다는 것이다. 그래서 태풍
에도 잘 견딘다고 한다.

　사람도 마찬가지라고 본다. 어떠한 역경에도 잘 견디어 내고
이겨내는 것이야말로 인생의 뿌리가 아닌가. 화려하게 번성하
는 것 같던 회사가 하루아침에 부도를 맞고 쓰러지는가 하면
잘 나가던 직장에서 일 년도 안 되어 옷을 벗고 나오는 사람도
있다. 재정 면에서든 실력 면에서든 뿌리가 깊지 못한 때문이
다. 살아가는 데 환경은 중요하다. 토양과 환경이 맞을 때 잘
자라는 나무처럼 사람도 환경에 의해 지배를 당한다. 온갖 고
난과 어려움을 이겨낸 사람이야말로 인생의 뿌리를 세월의 길
이만큼 깊이 내린 나무와 같지 않을까 생각해 본다.(2012. 5)

자리 잡기

2년 전에 발병한 관절염이 심해져 차를 타면 좌석부터 휘둘러보는 습관이 생겼다. 조금만 오래 서 있어도 다리 관절이 쑤시고 아프기 때문이다. 오랜 시간 차를 타야 할 거리일 때면 나의 자리 탐은 집요하다 못해 경노우대석도 마다하지 않는 뻔뻔한 여자가 된다. 그러나 대중이 이용하는 버스는 대개가 만원이어서 좌석을 잡는 것도 행운이 따라야 했다. 아무리 휑하니 빈 것 같은 버스도 올라타 보면 빈 좌석이 없다.

나는 대체로 중간쯤에 서서 빈자리를 탐색하는 편이다. 앞좌석이나 뒷좌석 모두를 손쉽게 찾아 앉을 수 있다는 계산에서다. 그러나 만원 버스에서는 경우가 달랐다. 운이 좋으면 올라타자마자 자리를 잡지만 어떤 땐 시발점에서 종점까지 가도 자리 못 잡는다. 며칠 전에도 그랬다. 자리를 잡기는커녕 창피를 당한 그 때를 생각하면 지금도 부끄럽다.

역곡행 버스는 일요일이건만 만원이었다. 내 몸은 사람들 속에 꽉 끼여 있고 들고 있는 핸드백은 어떻게 처리해야 할지 모를 정도였다. 만원 버스에다 높은 구두를 신은 탓인지 다리는 끊어질 듯 아파서 그대로 주저앉고만 싶었다. 그러나 사람 속에 끼여 서 있는지 고여 있는지 모를 만큼 만원이어서 주저앉을 수도 없었다. 겨우 두 다리의 중심을 바꾸는 정도로 아픔을 달래는 것이 고작이었다. 주위를 살피며 좌석이 비기만을 이제나 저제나 기다렸다. 그러나 진즉부터 내릴 것 같던 앞좌석의 손님은 도무지 내릴 기미가 없었다. 내려서 다른 버스로 갈아타려는지 동전준비를 하며 짐 가방을 챙기는 품새로 보아 곧 내릴 것 같은데 갈수록 자세가 흐트러지는가 싶더니 아예 끄덕이며 잠을 자는 것이 아닌가. 그동안 저 만큼 앞좌석은 여러 번 임자가 바뀌는데도 말이다.

나는 더 이상 내 쪽 좌석이 빌 것 같지 않음을 느끼고 슬그머니 앞좌석 쪽으로 파고 들어가 어느 젊은 여자 앞으로 가서 섰다. 그런데 내가 자리를 바꾸자마자 여태껏 잠만 자던 조금 전 좌석의 손님이 벌떡 일어나 내리는 것이 아닌가. 그럴 줄 알았으면 옮겨 서지 않았을 텐데, 후회를 해보지만 소용없는 일이었다. 나는 그동안 굳세게 지키던 자리를 놓쳤다는 실망감으로 짜증이 났다. 이 때 내가 서 있는 옆 좌석의 부인이 일어섰다. 기회는 이때다 싶어 재빨리 핸드백부터 빈자리에 던지듯 놓고 몸을 빼어 앉으려고 했다.

이 때 일어선 여자가 날카롭게 책망했다. 할아버지한테 자릴 양보하려는데 젊은 여자가 왜 이리 서두느냐는 거다. 돌아보니 머리는 하얗고 허리가 굽은 할아버지가 내 뒤에 계셨다. 중년 부인은 그 할아버지를 보다 못해 젊은이들도 양보하지 않건만 선뜻 일어선 것이었다.

순간 죄송하고 부끄러운 나머지 급히 몸을 빼며 '아, 그렇네요.' 하며 할아버지를 위해 물러서야 했다. 기분은 완전히 엉망이 되고 말았다. 서둘러 핸드백을 던져 놓은 내 모습을 떠올리니 현기증이 날 만큼 부끄러웠다. 말없는 주변의 시선을 애써 모른 척해야 하는 것도 괴로웠다. 결국 난 목적지에 거의 다 가서야 좌석을 앉을 수 있었지만 끝내 자리에 앉지 않고 목적지까지 갔다. 마음이 아프니까 다리 아픈 것도 잊었다.

그 날 이후로 빈 의자를 탐하는 태도를 버렸다. 빈 의자가 있어도 주변을 한 번쯤 돌아보고야 앉았다. 나보다 연장자가 있다면 이 또한 실례가 아니냐 싶어서다. 그리고 이런 마음가짐으로 세상을 살아가야 하지 않나 생각해 본다.(1987)

산은 산이고 물은 물이다

지난주는 참으로 따뜻했다. 창문을 여니 엄마 품속처럼 따스한 햇살이 뜰에 가득했다. 거리를 지나는 행인들의 발걸음도 한결 가벼웠다. 그토록 기승을 부리던 동장군도 빌딩가 그늘 밑에서 기를 못 쓰고 길바닥에 땀을 질펀히 흘리고 있다. 이런 날만 기다리고 있던 나는 오랜만에 창문을 활짝 열어젖히고 대청소를 했다. 거실과 부엌의 묵은 먼지를 털어내고 부엌 바닥에 깔아놓은 카펫도 걷고 문에 쳤던 벽걸이형 발도 떼어냈다. 한결 집안이 밝고 환해져 마음까지 밝아지는 것 같았다.

화창한 햇살을 보니 산에 가고 싶어졌다. 겨우내 보리차나 대추차만 먹었는데 시원한 생수를 받아올 생각에서다. 정오가 지난 시각이라 가까운 뒷산으로 갔다. 가파른 산길을 오르자니 숨이 턱에 찼다. 하지만 기분은 상쾌했다. 나무가 있고 물이 있고, 맑은 공기가 있는 산, 문득 성철스님의 말씀이 생각났다. "산은 산이고 물은 물이로다" 성철스님이 세상을 떠나시던 해 불가는 물론 매스컴이나 지면마다 성철스님의 이 말씀뿐이었다. 당시 나는 이 말씀이 뭣이 그리 대단하다고 그리 야단인가? 하는 생각이었다. 너무나 쉽고 평범한 말이기 때문이다. 하지만 산에 오를 때마다 이 말씀이 마음에 닿는 것을 보면 그저 평범한 말이라고 일축하기엔 내가 너무나 무지하다는 생각을 하게 됐다. 진리는 대단한 데 있는 것이 아니고 아주 평범함 속에 감추어 있다고 본다. 산은 산일 뿐, 바다가 될 수 없고, 물은 물일 뿐 산이 될 수 없잖은가. 어버이는 어버이이고, 자식은 자식일 뿐이다. 또 스승은 스승이고 제자는 제자라는 것이다. 이 세상의 진리가 이러할진대 감히 사람들이 진리를 거스르며 역행하는 일이 얼마나 많은가. 가까운 예로 생명공학의 발달이다. 창조주 외에는 절대 손 댈 수 없는 줄만 알았던 생명이 언제부턴가 유전자 공학도들의 손아귀에 들어가 있음을 보게 된다. 복제양이 탄생하고, 복제 돼지가 탄생한 지도 오래됐다. 머잖아 인간 공장이 나오리라는 끔찍한 전망도 헛소리가 아님을 증명한 것이다. 이것은 확실히 자연의 법칙에 위배된 것이다. 피조물이 조물주에게 도전상을 내놓은 것이라고 봐도 과언이 아니라고 본다.

언젠가부터 사람들은 두부 먹기를 두려워한다. 유전자 조작으로 재배된 수입 콩으로 만들어진 두부이기 때문이다. 생명공학의 발달은 우리의 음식에까지 손길을 뻗치고 있었다. 인공으로 유전자를 조작 변형시킨 콩으로 만든 음식을 먹는 것까지는 좋으나 변형된 유전자 콩을 먹은 후 우리 세포에 있는 유전자가 어떤 반응을 일으킬지는 아무도 모른다는 두려움 때문이다. 그런데도 우리의 곡물 수입상들은 미국 사람들도 싫어한다는 값싼 유전자 콩을 무더기로 사들여 우리 국민들에게 먹인다.

새 천년 이 지구의 가장 큰 재난은 식량부족이라고 한다. 여기에 대비한 것이 유전자 조작을 통한 식량증산이다. 배추, 고추, 무도 유전자 조작 식품으로 대체할 날이 멀지 않았다고 한다. 결국 자연의 법칙이 깨어지고 마는 것이다. 이럴 때 성철 스님의 말씀이 뜻하는 바는 새겨볼 만한 것 같다. 세상은 변한다. 원시시대로부터 최첨단 과학문명의 시대에 이르며 어머 어마하게 변하고 있다. 이런 엄청난 변화 속에서도 변하지 않아야 할 것이 있다면 오직 진리, 산은 산이어야 하고 물은 물이어야 한다.

모든 만물은 조물주의 법칙 하에 있어야 한다. 낮이 지나면 밤이 오고, 구름이 끼면 비가 오고, 낙엽이 지면 새싹이 돋듯, 사람도 늙으면 죽는 게 자연의 이치인 것이다. 그런데 과학문명은 이 이치에서 자꾸만 벗어나고 있으니 새 천년 새 시대에거는 기대가 밝게만 느껴지지 않는다. 하지만 너무 부정적으로만 생각하지 말자. 과학문명이 제아무리 발달한다 해도 해는 하늘에 있고, 인간은 지구에 있을 것이니까.

산사에 들러 조롱박 물을 한 잔 마시고 물병도 채워 돌아오는 발걸음이 훨씬 가볍다. 봄, 여름, 가을, 겨울을 만든 조물주는 최고의 예술가다. 누가 저 넓고 높은 산 위에 연초록의 물감을 뿌릴 수 있겠는가. 우리가 자연을 보호하고 지켜야 할 이유가 여기에 있다. 산을 가까이 할 때마다 자연의 신비에 감탄을 한다.(2000)

오 년 만에 핀 꽃

우리 집에는 5년 전부터 키우는 난 화분 있다. 한란과 동양 란과는 달리 잎은 20~30센티 정도 되고 잎새들 가운데서 긴 대궁이가 올라와 화분에서 무성하니 푸르름이 넘치는 것이 탐스럽고 좋아서 창가에 두고 조석으로 바라보는 것 중의 하나다.

얼마 전 우리 집에 놀러 온 손님이 이 난초과 식물의 무성함을 보고 대궁이 하나만 따 달라고 했다. 나는 대궁이를 따서 다른 분에 심어 놓은 것이 있는지라 그 작은 화분을 가져가라고 했다. 그러자 손님은 이 난의 꽃이 좋아서 꼭 구하고 싶었는데 쉽게 구했다며 마냥 좋아했다. 그런데 꽃을 피다니요? 손님이 뭔가를 잘 못 아는 것 같아 나는 이것은 꽃이 피지 않는다고 설명해 줬다. 그러자 이번엔 손님이 눈을 동그랗게 뜨며 그럴 리가 없단다. 고상하고 은은한 향기가 이 난의 매력이라며 모든 식물은 다 꽃이 피고 열매가 있다며 식물의 본질성에 대해서까지 부연설명을 했다. 손님은 이 난초도 틀림없이 꽃이 있다며 지금은 다른 데 들를 데가 있어서 그냥 가지만 1층 현관 앞에 놔두면 일 보고 돌아갈 때 가져가겠다고 했다. 처음의 탐냄에 비해 꽃이 안 핀다니까 표정이 시들해 보인다. 어쨌든 난 손님이 잘 가져갈 수 있도록 화분을 집 밖에 내놓았다. 손님이 언제든지 자동차를 몰고 와서 내가 없어도 가져갈 수 있도록 아예 현관밖에 놔두었다. 그러나 열흘이 지나고 이십 일이 지나도 가져가겠다던 화분은 내가 내려놓은 그 자리에 그대로 있었다. 춥다 덥다 하며 변덕을 부리는 날씨에 시달리던 화분은 설상가상으로 뙤약볕 아래서 가뭄까지 들었다. 잎의 끝부분부터 노랗게 말라가는 게 힘이 없어 보였다. 화분을 집안으로 들여 놓고 물을 흠뻑 주었다. 그리고 일주일쯤 되었나 보다. 아침에 베란다 문을 여는데 그 작은 화분에 심긴 난 가지마다 하얀 봉오리가 초롱처럼 매달려 있는 것이 아닌가. 하얀 봉오리는 하나가 아니었다. 대궁이라고 올라온 것마다 하얀 봉오리가 맺히고 있는 중이었다.

"어마, 이 난초에 봉오리가 맺혀 있네."
나도 모르게 탄성이 터졌다.
"그게 어떻게 꽃을 피우지?"
우리 식구들은 난초가 꽃 피는 것을 처음 본지라 여간 신기해하지 않았다. 5년 동안 무성한 이파리만 보았지 꽃피는 것을 못 봤으니 말이다.
"야! 이건 백 년 만에 핀다는 꽃인데 우리 집에 행운이 올려나 보다. 당신 나가면 복권 하나 사라."
이럴 때면 남편은 아는 체를 하며 시답잖게 너스레를 떤다.
"밖에 내놓아 찬바람을 쏘여서 그런가 봐요. 식물은 위기 상황이 오면 종족 번식을 위해 꽃을 피운다잖아요. 저기 보세요. 저것은 수북하게 자라기만 하지 아직도 꽃이 안 피는데 이것만 대궁이마다 꽃봉오리가 있잖아요."
군자란을 찬 곳에 백일 동안 내놓았다가 집안에 들여 놓으면 꽃이 핀다는 말을 들은 적이 있어서 나도 아는 체를 했다. 백일 동안은 아니지만 밖에서 냉기와 가뭄과 뜨거운 햇빛으로 시련을 겪은 화분은 위기를 느꼈던 게 분명했다.

햇볕이 따스하게 나자 난초꽃은 하얀 봉오리를 터트리며 활짝 피어났다. 갈색과 보랏빛이 반씩 섞인 또 다른 속 꽃잎이 달린 꽃이었다. 가까이 코를 대어 보니 아카시아보다 더 연하고 그윽한 향이 코끝을 간질이었다. 꽃은 탐스럽지도 않고 화사하지도 않은 게 안타까울 만치 연약하고 청초했다. 하늘을 향해 쭉쭉 뻗어 있는 잎사귀에 비해 화분 아래로 처져서 대궁이에 달랑이듯 매달려 있는 게 힘겹고 외롭게까지 느껴졌다. 얼마 전에 지리산에서 캐었다며 가져온 춘란보다도 외롭게 보였다. 그런데도 이 꽃을 바라보면 볼수록 신기하고 묘했다. 오랜만에 피었다는 놀라움도 있었지만 쳐져 내리는 대궁이에 비해 꽃잎파리 하나하나가 나비가 날개를 펴듯 치켜든 앙증스러움이며 색상의 고상함이 얼마나 멋스러운가. 화분에서 좀 더 떨어져 보니 갈색 부분이 햇볕을 받아 황금색으로 빛나는데 또 다른 매력이 느껴졌다.

모든 식물은 꽃이 피고 열매를 맺는다며 화분을 가져간다던 손님의 말이 생각났다. 그랬다. 세상에 존재하는 모든 식물은 꽃을 피우고 열매를 맺는다. 꽃을 피우고 열매를 맺는 것이 자연의 법칙이다. 다만 기후와 환경이 안 맞아서 꽃을 피우지 못하고 열매를 맺지 못하는 것이다.

사람도 마찬가지다. 존재하는 모든 사람은 나름대로의 꿈을

꾸며 살고 있다. 그러나 그 꿈을 조기에 성취하는 사람이 있는
가 하면 평생 동안 이루지 못하고 사는 사람도 있다. 불우한
환경이나 천재지변, 뜻하지 않은 크고 작은 사건과 사고가 원
인이 되기도 한다. 평생을 이루지 못할 꿈을 꾸며 사는 사람도
있다. 국회의원만 평생 꿈꾸어 왔다는, 그래서 재산을 다 탕진
하고 말년엔 오갈 데도 없어 양로원에 들어간 어떤 노인을 나
는 안다. 그러나 호박나무가 장미꽃을 피고자 헛수고를 했다고
간단히 비난하고 싶지는 않다. 성공자가 있으면 실패자가 있
고, 일등이 있어야 꼴찌가 있는 것이 아닌가.

　　오년 동안 꽃 한 번 피지 못한 큰 화분을 밖에다 내놓았다.
거친 바람과 뜨거운 땡볕에서 목마름과 사투하며 생명력을 유
지해 온 작은 화분이 꽃을 피웠듯이 꽃을 피울지 모르니까. 식
물의 영원한 꿈은 꽃을 피우고 열매를 맺는 것이 아닌가. 무성
한 파란 이파리를 뽐내며 베란다 양지 끝에서 꽃 한 번 못 피
던 난에게는 시련기가 되리라.
　　그러나 이 난도 자연과 맞서며 시련을 극복하고 나비같이 예
쁜 꽃을 주렁주렁 달 날이 올 것을 확신해 본다. 분명 이 난도
시련을 통해 종족 보존의 열망을 품게 될 것이니까. 그리고 보
니 시련이 생명력의 근원이 아닌가 생각해 본다.

소중한 아들

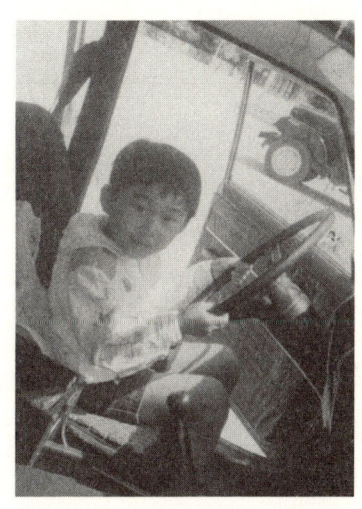

한 계절이 지나도록 소식이 없던 문우한테서 오랜 만에 전화가 왔다. "나야" 하는 음성이 무척 가라앉아 있다. 그렇잖아도 소식이 궁금하던 차라 반가웠다. 집안일은 친정어머니한테 맡기고 남편의 권유로 미국과 캐나다로 한가하게 여행을 다니는가 하면 넉넉한 생활비를 받아 남는 대로 저축한 게 집 한 채 값이 모아졌다고 해서 부럽기만 하던 분이었다. 거기다가 용모 또한 깔끔하고 단정했으며 성격은 빈틈이 없고 사리분별이 밝은 게 늘 존경스러웠다. 그래서인지 그녀를 만날 때마다 나는 '공평하시다'는 하나님에 대해 회의가 생기곤 했다. 그런데 전화 첫마디가 심상치 않다.

여름내 인생 공부를 많이 했다고 한다. 무슨 말이냐고 묻자, 이제야 나이를 먹는다고 역시 못 알아들을 소리를 한다. 예감이 이상하다고 느낀 나는 입을 다물고 말았다. '남편이 딴눈을 팔았나? 아니면 집안에 환자라도 생겼나.' 고작 이런 생각만 했다. 올 여름은 나도 시아버님이 뇌출혈로 쓰러져 바쁘게 보냈기 때문인지도 모르겠다.

문우는 잠시 뜸을 들이고 나더니, 아주 침착해지며 아들이 먼저 하늘나라에 갔다고 했다. 벌써 두 달이나 되었다고 한다. 믿어지지가 않았다. 내가 잘못 들은 게 아닌가 하고 재차 묻자, 가족이 동해안으로 물놀이를 갔다가 아들을 먼저 보냈다고 한다. 팔에 가시가 돋고 침이 삼켜졌다. 도무지 믿고 싶지 않은 사실이었다. 평소에 흐트러진 모습을 보인 일이 없던 그녀답게 끝까지 침착하게 자초지종을 설명하는데 내 가슴에서 찬바람 소리가 난다. 머리가 멍청해지며 위로할 말이 떠오르지 않았다. 그녀는 대화가 사라진 남편에게 쓴 편지글을 들어보라고 했다.

"하나만 낳아 잘 키우자고 우리는 뜻을 모았지요. 그런데 아들을 먼저 보낼 줄을 누가 알았을까요. 하늘이여, 땅이여, 하나만 낳아 잘 기르자고 외치는 자들이여, 누가 말 좀 해봐요 내 아들이 왜 먼저 가야 하는 건지……."

가족계획으로 화목한 가정을 이루며 살 때의 단란한 한때를 회상하던 글은 어느덧 절규가 되고 있었다. 눈시울이 나도 모르게 뜨거워졌다. 그녀도 잠시 글 읽기를 그친다. 그녀의 집에 갔을 때 본 고급 책상과 침대 등으로 잘 정돈된 아들의 방이 생각났다. 대학 1학년이라고 했는데 키도 크고 인물도 잘생겼다고 했다. 연극을 한다고 들은 것도 같다. 장래가 촉망되는 아들 같았다. 전화를 끊은 나는 아무 말도 할 수가 없었다. 이럴 수가, 이럴 수가만 되 뇌이며 집안을 서성여야 했다.

아들 생각이 났다. 중학교 1학년짜리 아들은 요즘 우리 부부의 신경을 많이도 건드리고 있다. 학과성적이 계속 부진하건만 공부도 안 한다. 어쩌다 책상 앞에 앉아 있는 것이 대견해서 과일이라도 깎아들고 들어가 보면 책 밑에는 만화책이 숨겨져 있곤 한다. 그뿐인가. 학교에서 돌아오면 컴퓨터 오락을 몇 시간씩 하고, 그것도 저것도 아닐 때는 팝뮤직을 집안이 울리게 틀어놓고 듣는다. 얼마 전부터는 고물자전거를 구입하더니 책가방을 던져 놓기가 바쁘게 자전거 타기에 재미를 붙이는 것도 염려가 되었다. 결국 아들이 하는 것은 한 가지도 내 맘에 드는 게 없다. 자연 나는 잔 소리쟁이 엄마가 되었다. 침착하고 학구적인 아들을 갖지 못한 게 원망스럽기도 했다. 그런데 오늘 그녀의 소식을 늘으니 만화책만 보고 사선서만 탈지라도 건재하는 아들이 옆에 있다는 것이 감사하다. 항상 옆에 있는 아들에 대한 감사를 몰랐다는 생각이 들었다. 천성이 활달해서 놀기를 좋아하지만 건강하게 자라고 있다는 것만으로도 얼마나 감사한가. 아직은 철부지이지만 철이 들면서 공부에도 취미를 붙일지 누가 알 것인가. 인생은 장거리 경주라고 했는데 호기심이 많고 책읽기를 좋아하니 작가나 예술가가 될지도 모르잖은가. 수요예배를 드리러 가기 전에 아들 방을 들여다보았다. 제 동생하고 식빵을 많이 먹었느니 안 먹었느니 하고 언쟁 중이었다. 아무 말도 하지 않고 문을 닫았다. '그래도 감사하다.' 나는 혼잣말을 해본다. 비록 공부는 못하더라도, 철부지일지라도 이 집을 행복과 평안으로 채우고 있는 주역은 내 곁에 항상 있는 두 아이라는 생각에서다.(1991)

아름다운 상처

2년 전, 군에서 외박 나온 아들이 선인장 하나를 사왔다. 아버지가 화분을 즐겨 가꾸는 것을 보고 아버지 생일 선물이라며 사왔다. 선사시대의 토기처럼 아랫부분이 뾰족하게 생긴 화분에 심은 것인데 장식용으로 당시 젊은이들에게 인기가 있었던 것 같다.

아들은 그 선인장이 좋았던지 아니면 늦은 시간이라 아버지 생일선물을 마땅히 사지 못하던 중 길에서 쉽게 구할 수 있어서인지 어쨌든 아버님의 선물이라며 거실에 놓아두었다. 삼발이에 올려놓아야 자세를 바로 하는 화분인지라 들고 오다 떨어뜨렸다며 살점이 떨어져 나갈 만큼 깨지고 상처가 크게 나 있었지만 봉오리가 사과만한 것이 탐스러웠다.

"웬 선인장이냐?"

남편은 선인장을 보더니 의외라는 듯 어이없어 했고, 아빠가 좋아하는 줄 알았는데 달가워하지 않는 아버지를 보며 아들은 멋쩍어 했다.

"얘는 내가 제일 싫어하는 것이 선인장인데. 생일선물을 그딴 것으로 사냐? 손수건도 있고, 양말도 있고, 살 것도 많은데."

나는 아들의 성의를 모르는 바는 아니지만 한 마디 언질을 안 할 수가 없었다. "오빠가 돈 많이 주고 산 거예요. 선인장이 집에 있으면 전자파도 **흡수**하고 좋대요" 기껏 사온 선물이 환영받지 못하자 딸은 제 오빠가 안됐던지 오빠 편을 들었다. 이렇게 선인장은 오는 날부터 거부당하고 환영받지 못했다.

이렇듯 환영받지 못한 선인장이지만 유적지에서 출토한 토기 같은 화분 덕에 현관 출입구 창턱에 놓여졌다. 물을 자주 줄 필요도 없고 햇볕이 많이 들수록 좋기 때문에 창턱에 놓인 것이다. 선인장은 창턱에서 여름을 보내고 가을을 보냈다. 어느 날 보니 사과 만하던 선인장이 탁구공만 하게 작아져 있다. 물을 주지 않아서 수분이 마른 것 같았다. 더 마르면 죽지 싶어 선인장을 다른 **화초**들 옆에 두고 물을 **흠뻑** 주었다. 다음 날 싱싱하게 예전의 모습으로 돌아갔겠지 하고 보니 선인장이 좀 이상했다. 물 빠짐 구멍이 없는 화분이라서 물창이 든 것이다. 빼들빼들 마르더라도 선인장에겐 물을 안 주는 것이 낫지, 많이 주는 것은 치명적이라더니 허망하게 죽은 것이 아까웠다. 흐느적거리는 선인장을 가시에 찔리지 않도록 화분 채 한쪽에 방치해 버렸다. 그 뒤로는 절대로 물을 주지 않았다.

아이들 어릴 때 선인장을 키운 적이 있다. 손바닥처럼 널찍한 선인장, 봉오리 선인장, 알로에 같은 것을. 좁은 사글세 집에서 정성껏 가꾸었다. 아이들 나이에 맞춰 나이까지 기억하며 키웠다. 그러던 어느 날 아들이 그 선인장을 만졌던지 손바닥 가득 선인장 가시가 박혀 있다. 그때 동네가 떠나가라 울어대는 아들을 달래며 선인장 가시를 빼느라 얼마나 고생을 했던가. 그때 이후로 선인장을 다 버렸다. 쓰레기장에 버려도 죽지 않아 땅에 묻어버린 것도 있다. 그리고 내 생전 선인장을 안 키울 결심을 했다. 나뿐 아니고 이웃들에게도 선인장 가시의 고통을 상기시키며 못 키우게 했다. 그런데 아들은 제 손바닥에 그토록 많이 박혔던 선인장 사건을 모르고 사 온 것이다.

지금 사는 집은 거실이 비좁은 탓에 화초 관리가 매우 어렵다. 이사 올 때 많이 버렸는데도 거실은 화초로 가득 찼다. 더구나 올 겨울은 얼마나 추웠는가. 외풍이 센 집이라 보일러를 돌리면서도 거실에 난로를 놓지 않고는 추워서 거동하기가 어려웠다. 그런데 거실에 켜놓은 난로가 실내 공기를 건조하게 했던지 비싼 난(蘭) 등 많은 화초가 시들시들 다 죽어버렸다. 그나마 자생력이 강한 열대성 나무들만 몇 개 살았다. 그것도 날이 따뜻하다고 화분들을 성급하게 밖에 내놓았다가 이 또한 대부분 냉병에 걸려죽고 말았다. 화초가 겨울을 살아 낸다는 것은 결코 쉬운 일이 아닌 것 같다. 그런데 어느 날 보니 관리를 전혀 하지 않은 선인장이 파랗게 자라고 있는 것이 아닌가.
"야! 이거 아직도 있잖아?" 어느 날 남편은 물뿌리개 뒤쪽에 처박혀 있는 선인장을 끌어내며 감탄했다. 겨울 내내 존재조차 무시당한 채 아무도 거들떠보지 않았는데 저 혼자서 강인한 자생력을 갖고 연둣빛으로 살아 있었다. 1년 전 처음 사올 때만큼 크지는 않아도 거의 비슷하게 자라 있고, 살점 떨어져 나간 상처는 회복되어 새로운 봉오리를 형성하며 자라고 있었다. 마치 돌고래가 입을 벌리고 있는 것도 같고, 물오리가 부리를 내리고 앉아 있는 것 같기도 한 것이 예술적이었다. 푹 파인 상처는 아픈 상처만큼 굳은 딱지가 앉아 있었는데 그 아픔이 선인장의 원래의 모습을 바꾼 것이다. 문득 상처는 아름답다는 말이 생각났다.

상처가 깊으면 깊을수록 인생의 심오한 진리를 깨닫는다. 장애 소녀 송명희 시인이 쓴 시 중에 시 한 구절이 생각난다.

나 가진 재물 없지만/ 나 남이 가진 지식 없지만/ 나 남이 가진 건강 없어도/ 난 남이 없는 것 있으니/ 나 남이 보지 못한 것을 보았고/ 남이 깨닫지 못한 것 깨달았네…… 라는 거다. 그래서인지 위대한 예술가는 거의가 불행하다. 깊은 상처를 갖고 있다. 그리고 그 아픔이 예술로 승화되는 것 같다. 악성 베도벤이 그랬고, 화가 밀레나 고갱도 그랬고, 도스토예프스키도 그랬다. 인생은 기쁜 때도 있지만 힘든 때가 더 많다. 그러나 주저앉아 있으면 낙오되지만 질긴 자생력으로 인내하고 버티어 내면 척박한 환경을 극복해 새로운 세상을 보게 되는 것 같다.

환영받지 못한 채 상처를 안고 어둠 속에서 구박덩이로 있었던 선인장의 아름다운 변모를 통해 그늘 속에서 꽃 핀 인생과 예술을 생각해 보았다.(1999. 4)

팽이 돌리는 아이를 보며

시장엔 감, 밤 등이 풍성히 널리고 조석으로 살갗에서 가시처럼 일어나는 솜털의 냉기를 느낄 때면 난 문득 가슴앓이를 시작한다. 괜히 울고 싶기도 하고 끝없이 달리는 기차를 타고 낯선 곳으로 가버리고도 싶고 멍청히 생각에 잠기기도 하며 고독과 그리움으로 못내 잠을 못 이룬다. 왜 그럴까? 왜 이맘때쯤 되면 유행병 같은 이 병에 걸리는 것인지 알듯알듯하면서도 구체적인 이유를 모르겠다. 난 숙제를 못 다한 학생처럼 안절부절못하며 책장을 뒤적여 본다.

그러나 어느 책도 날 붙잡아 주지 않는다. 아니 내가 어느 책도 택하지 않는 것이다. 난 재깍재깍 돌아가는 초침에 쫓기듯 방안을 왔다 갔다 한다. 머릿속에는 수많은 생각이 태풍처럼 몰려와 질타하며 내 의식에 매달린다. 대부분이 실패해 버린 의식의 조각들이다. 난 그 이유를 어렴풋이나마 알고 있다고 생각한다.

바보가 아니라고 오만스럽게 자부할 줄 알았던 교만은 언제나 바보가 된다는 사실을 미처 깨닫지 못한 것이다. 난 무덤처럼 캄캄한 실패의 늪 속에서 헤어 나오고자 머리통이 깨어져라 생각하였고 자학하며 발가벗은 채 겨울바람 앞에 서 있는 자신을 본다.

아이가 잠들어 있다. 울어서 눈가에 저저분한 눈물자국이 말라붙어 있었다. 불과 몇 시간 전에 엄마는 끝동고추 만큼이나 맵게 뺨을 갈겨 주었건만 평온하게 웃음을 짓고 잠든 아이다. 난 아이 곁에 앉았다. 그리고 아이의 얼룩진 뺨을 쓸어 준다. 아이는 엄마한테 뺨맞은 생각을 완전히 잊은 걸까? 아니면 아이의 내부 깊숙이 아픈 마음을 앙금 시키고 있는 것일까? 슬픔이 가슴속을 휘저으며 파고든다. 난 아이에게 너무나 미안하였다. 늘 어렸듯 못난 어머니였다니……. 오늘 아인 친구들과 팽이돌리기에 열중했었다. 세발자전거 타기에 싫증이 난 아이들은 기관총놀이를 하였고, 기관총놀이가 시들해지자 칼싸움으로 동네 골목이 시끌시끌했었는데 어느 날부턴가 팽이돌리기가 골목에 대유행이 되었다. 물론 우리 집 다섯 살짜리 아이도 팽이를 사들였다. 아이는 여섯 살짜리 친구들과 열심히 팽이놀리기를 한다. 그러나 아이는 여섯 살짜리 개구쟁이 친구들이 쉽게 배운 팽이돌리기를 이틀째 못하고 있다. 아이는 줄 감기부터 서툴러서 감은 줄은 매번 팽그르르 풀어진다. 아이의 고사리 같은 조그만 손은 땀으로 촉촉이 젖어 있었고 콧등에도 땀방울이 송골송골 맺혔다. 보다 못한 나는 아이에게 팽이돌리기를 가르쳐 주었다.

"매듭이 밑으로 들어가게 하여 아래로 이렇게 당기면 안 풀어지지?"

아이는 힐끗 엄마의 코치를 콧등으로 듣고는 제멋대로 감는다. 매듭은 있으나마나 자꾸만 허탕이었고, 혹 감길 수 있게끔 얽혔다 해도 계속해서 꼭꼭 감아주는 통에 기껏 감아 놓은 줄은 폭 빠져 버린다. 아이는 너무도 안 되는 것이 짜증이 난 듯 꽥꽥 소릴 친다. 엄마는 더 이상 어쩌지 못하고 보채는 아이의 빰을 때려 준 것이다.

"다른 애들은 다 하는데 넌 왜 못하니? 하지 마!"
아이는 울었다. 그러나 눈물을 질금대면서도 계속 줄 감기를
한다. 나는 더 이상 참견하고 싶지 않아 집으로 들어갔다. 그
런데 아이는 마침내 줄 감기에 성공했다.

"엄마 감았어!" 아이는 감아 쥔 팽이를 창 쪽으로 들어 보였
다. 아이 만큼 속상해 하고 있던 나는 붉어진 얼굴로 "그럼 어
서 던져!" 하고 소리쳤다. 아이는 팽이를 동댕이치듯 던졌기
때문에 던지는 데는 성공하지 못했다. 하지만 아이의 얼굴은
일몰하는 마지막 햇살을 흡수하듯 광채가 났다. 감고 또 감으
며 던지는 연습에 몰두한다. 나는 비로소 빙긋이 웃는다. 아이
는 너무나 열심히 하기 때문에 꼭 돌리는데 성공할 것 같았기
때문이다. 여섯 살짜리 아이들은 자꾸만 팽이를 돌린다. 아이
는 그것을 잠시 절망스럽게 지켜보다가는 다시 감는다. 열심히
아주 열심히 연습한다. 친구들은 어느덧 모두 자기 집으로 돌
아갔건만 아이는 밥 먹으라는 엄마의 부르는 소리도 무시하고
자꾸만 던지고 또 던진다. 어둠이 내려앉은 시계(視界)도, 그
토록 겁을 내는 고양이 소리도 못 들은 양.
마침내 아이가 던진 팽이가 허공을 낮게 튀며 돌기 시작했
다.
"엄마! 내가 팽이를 돌렸어!"
아이는 환호했다. 울고 싶도록 좋아서 껑충껑충 뛰었다.
난 아이가 평온히 잠들 수 있었던 그 한순간의 성공을 생각

해 봤다. 비록 어린아이건만 미친 듯 연습했기에 기어이 팽이를 돌릴 수 있었던 것이다. 작은 아이의 무서운 집념으로 성공한 팽이 돌리기. 아이는 성취감으로 만족하여 잠이 든 것이다. 그래, 난 지금 너덜너덜 조각난 실패한 과거에 주저앉았기 때문에 이 결실의 계절이 못 견디게 아픈 것이다. 날개 잃은 새가 하늘을 보며 아파하듯 아파하는 것이다.

성취감이 없다는 것! 결실의 풍요로움이 나하고 무관하다는 것을 알기에 아픈 계절을 맞고 있는 것이다. 심지 않고 거두려는 자는 욕심쟁이다. 내 아이는 팽이돌리기에 성공했기 때문에 빛나는 얼굴로 평온히 잠든 것이다. 머잖아 아이는 팽이놀리기가 서서히 싫증날 것이고 새로운 놀이에 흥미를 갖게 될 것이다. 이를테면 철봉 매달리기 등을.

아이는 그렇게 인생을 터득하며 쟁취하며 혹은 실패도 하며 살아가겠지. 가끔 아이는 고통의 늪에도 빠지고 가시밭길도 걸어야 할 것이다. 그러면서 커가는 아이! 이것이 인생살이인 것이다. 그렇다면 이 계절의 나의 아픔은 커가는 자들만이 겪는 고통이 아닌가. 문득 난 현실의 중량을 털어버리듯 방안을 휘둘러보았다. 아, 난 자라고 있는 것이다. 자란다는 것은 희망이 있다는 것과 통한다. 이상의 소설 날개가 생각났다. 뜯겨진 날갯죽지 밑에서 돋아나는 새 날개를 본 것 같았다. 그렇다. 난 나의 새 날개를 길러내야 한다. 성공이나 실패는 생각지도 말고 오로지 새 날개를 찾아서 날갯짓을 해 보는 것이다. 백발의 면류관을 쓰는 그날까지.(1983)

안부 전화

이틀간의 연휴를 자매들과 즐겁게 보냈건만 아침에 기상하는 내 마음은 가볍지가 않았다. 조석으로 쌀쌀해지며 결실의 가을이 깊어지는 탓인가 했지만 딱 그런 것만도 아닌 듯 자꾸만 시골에 계시는 시부모님 생각이 났다. 고희를 넘기신 시부모님이 당신들 양식도 안 되는 토지를 빌미삼아 고향에서 살기를 고집하는 이유가 우리의 좁은 집 탓만도 아니요 토지를 지키겠다는 일념만도 아닐 거라는 데까지 미치자 답답한 마음은 쓰라리기까지 했다.

어제 나는 지인의 집에 놀러 갔다가 충격적인 소식을 들었다. 가끔 상면한 일도 있는 그 지인의 고모님이 고희의 나이에 변두리로 방 한 칸을 얻어 내려갔다는 이야기였다. 그 동안 간간히 들어온 바에 의하면 고모는 스물다섯에 과부가 되어 아들 하나를 키우며 살아온 탓에 젊어서는 며느리한테 시집살이 꽤나 시킨 듯했다. 하지만 세월이 약이라고 아이들이 과년해 짐에 따라 고부간의 갈등도 엷어지며 서로를 돕고 이해할 만큼 화목해진 적도 있었다. 시어머니는 늦잠에 빠진 며느리 대신 아침을 하여 손자 손녀를 등교시키고, 며느리는 시어머니를 노인대학에 보내는 등 늘그막에 사귄 친구들 앞에 궁색하지 않게 용돈도 푼푼히 드리는 등 세심한 배려를 하며 노력한다고 들었다. 그런데 이 가을에 별거 소식이 날아든 것이다. 시어머니와 며느리들 중 누가 잘못이냐를 따지기 전에 마음이 무거웠다. 이 일이 그 집 일만은 아니기 때문이다.

　결혼생활 십삼 년! 그동안 우리는 얇은 월급봉투에 의지하며 호구지책에 매달리다가 팔 년 만에 내 집이라고 이십 평 남짓한 작은 구옥을 장만했다. 하지만 시골에 계시는 부모님을 모실 수가 없었다. 시골생활이 좋다며 고집하는 시부모님의 뜻도 완강했지만 모자라는 집값을 충당하고자 방 한 칸을 세 놓고 보니 기실 부모님을 모실 형편도 안 되었기 때문이다. 우리 부부는 장남의 도리를 못하는 것이 늘 맘에 걸렸다.

　그러나 더 넓은 새 집을 장만하면 즉각 모셔 오겠다는 결심은 변함이 없었다. 그런데 우리 집이 지하철공사로 편입되어 아파트로 들어가게 될 거라고 한다. 남편은 늙으신 부모님을 편하게 모실 수 있게 되었다면서 벌써부터 들뜨는 것 같았다. 나도 부모님 모실 날이 기다려졌다. 자식을 키우고 가르치는 데는 할아버지 할머니랑 사는 것이 교육적으로도 좋다고 생각해서다. 더구나 시부모님의 손자 사랑은 얼마나 남달랐던가. 우리 아이들을 진심으로 사랑해 주는 사람은 우리 말고는 시부모님을 따라갈 사람은 없다고 본다. 그런 의미에서 볼 때 그동안 할머니 할아버지와 같이 안 산 세월을 생각하니 손해를 본 것만 같았다.

　그런데 주변의 조언은 대부분 시골에 살게 내버려 두라고 한다. 같이 살게 되면 교육방법이 달라서 오히려 마찰의 근원이 된다는 것이다. 여기에 고부간의 갈등까지 생겨 가정불화만 잦아지니 시부모님을 위해서라도 지금처럼 내버려두라는 것이다.
참으로 혼동이 된다. 교양이나 심성으로 보나 살아온 경륜으로
보아 나보다 웃어른의 충고인지라 무심히 넘길 일은 아닌 것
같았다. 이십여 년을 잘 참고 견뎌 오던 가정도 끝내는 고부가
갈라서는 상황인데 장자의 도리만을 앞세워 부모를 모시는 것
이 진정한 효도인가를 다시 생각해야 할 것 같았다.

아침상을 물린 후 모처럼 만에 시댁으로 전화를 했다. "너희
들 전화 받으려고 나가지 않고 기다리고 있었다." 어머님은 전
화를 받자마자 말씀하셨다. 전화를 안 했으면 얼마나 서운했을
까. "이자 너거들 소식 들었으니 밭에 나가 봐야겠다. 풀이 여
간 많다." 아버님도 전화를 끊자며 말씀하신다.

전화를 끊고 나니 아침 내내 무겁던 마음이 가벼워진다. 그
래 세상도 많이 변했는데 이렇게 자주 전화라도 드리자. 전화
한 통화만 해도 부모님의 마음은 얼마나 행복해 보이던가. 부
모님의 소망은 당신의 고향에서 건강하게 살며 아들딸들이 잘
되는 소식을 날마다 듣는 것일 테니까.(1990)

미인도

"여기 두 여자 중 배우자로 선택하라면 누구를 택하겠어요?"

북한 실상 홍보 사진 앞에서였다. 하얀 저고리에 검정치마를 입은 여자와 진 바지에 가죽 벨트를 하고 서부영화에 나오는 사나이가 입었을 법한 배꼽티에 긴 머리를 늘어뜨리고 있는 여자를 보고 있다가 우리는 옆에서 우리처럼 홍보판을 보고 서 있는 젊은 남자에게 물었다. 남자는 우리가 가리키는 사진을 보더니 기다릴 것도 없이 하얀 저고리에 검정 치마를 입은 여자를 짚었다. 남한을 대표하는 이효리와 북한을 대표하는 조명애가 같이 찍은 사진은 흥미로웠다.

이효리와 조명애는 남한과 북한을 대표하는 미인으로 만났다. 이효리는 남쪽의 가수고, 조명애는 북한의 무용수다. 두 사람 다 예능인으로 출중한 미모까지 겸비하여 연예계에서 인기를 독차지하고 있다. 이 두 여인은 남북 화해 무드를 타고 남한과 북한의 미인 대표로 만났다. 당연히 우리는 이효리가 북한의 미인을 능가하기를 바랐다. 그런데 우리 쪽 남자는 배우자감으로 망설임도 없이 선뜻 북한 미인을 택했다. 우리나라의 남자가 아직도 소박한 옷차림에 다소곳하고 얌전한 현모양처형 여자를 더 선호함을 다시 한 번 재확인했다.

미인의 기준은 시대를 따라 변한다고 한다. 그러나 남자가 미인을 좋아하는 것은 불변하다는 말이 있다. 그래서 여자들은 미인이 되려고 위험을 무릅쓰고 성형수술을 하는가 보다. 우리나라 미인의 변천사를 보면 고려 때는 사각턱의 넉넉한 얼굴을 선호했고, 조선시대는 춘향이 같은 계란형의 여자를 선호했다고 한다. 신윤복의 미인도가 그 사실을 대변해 준다. 작은 얼굴에 눈이 가늘고 입이 조그맣고 얼굴이 통통하며 턱은 있는 듯 없는 듯하고 몸매가 날씬한 미인도를 보면 요즘 뜨는 동안 미인이 생각난다. 춘향이가 여기에 속한다고 봐야겠다.

20세기에 들어 미인의 기준은 많이 변했다. 서구적으로 커다란 왕눈이에 볼이 통통하고 턱 선이 뾰족하고 가느다란 여자가 대세다. 조명애가 춘향이 같은 미인이라면 이효리는 도회적이고 현대적인 미인에 속한다 하겠다. 또 이효리는 고려의 미인도 될 수 있고 현대의 미인도 될 수 있는 것이 아닌가 싶다. 완벽한 몸매와 얼굴에 재기발랄하며 자신감 있는 표정이 남자를 능가하는 저력마저 엿보이는 때문이다. 그것이 남자에겐 제압할 수 없는 강한 카리스마로 접근하기 어려운 대상일지도 모르겠다. 그 만큼 남한의 여성은 여권신장을 했다. 여자가 남자의 귀속물이 아닌 하나의 떳떳한 사회 일원으로서 자립할 수 있으며 능력에 따라서는 남자 이상으로 대접을 받을 수 있음을 보여 주는 표상인 것이다.

한 때 거리에 널린 광고사진이 이효리요 화장품 선전 사진이며 주류업계의 사진 등 웬만한 광고라면 이효리였다. 그런데 그렇게 잘 나가던 이효리도 심한 우울증에 빠진 적이 있다는 기사를 본 적이 있다. 무엇이 부족해서 천하의 미인이 우울증에 빠졌을까. 병은 마음에서 온다. 마음이 평안하면 몸도 건강하고 마음이 불편하면 몸도 불편해지며 건강을 해친다. 이효리를 불편하게 한 것이 무엇일까? 지나친 나의 오버겠지만 조명애와 찍은 사진 때문에 비교를 당하여 스트레스를 받은 것은 아닐까 하는 생각이 드는 것은 기우일까. 거울 앞에 선 백설 공주의 계모는 질투의 화신으로 유명하다. 가당찮게도 어린 백설 공주를 죽이라는 명령을 했으니 말이다. 조선미인 같은 조명애와 비교를 당하는 이효리의 심정도 편하지는 않았을 것 같다.

성형수술을 받으러 오는 사람은 미인이 대부분이란다. 나무랄 데 없는 미인이지만 쌍꺼풀만 있으면 완벽해질 것 같아 쌍꺼풀을 한 여인을 안다. 동양적이던 외모가 왕눈이로 변하면서 동양미는 온 데 간 데 없고 우아한 서양미인으로 변신하더니 그녀의 인생도 이혼과 함께 변해 버렸다. 다소곳하여 얌전의 상징이던 그녀는 개성적인 여인으로 변신하더니 어디서나 활짝 활짝 웃고 자신의 생각을 드러내는 당찬 여자가 되었다. 그 여인을 보며 외모가 성격을 좌우함을 알았다. 아닌 사람도 있겠지만 그녀는 그렇게 변했다.

남녀평등, 여권신장이 요즘같이 실감되는 때는 없는 것 같다. 여성대통령이 나오고 여성총리를 배출한 우리나라다. 요즘 고시합격생의 대부분은 여성이고 상위 30프로는 여자라는 말도 오래 됐다. 또 초등교사 90프로가 여자선생님이던 것은 20년도 넘었다. 때문에 요즘은 남자애들이 학교생활하기가 불리

한 시대라고 한다. 아주 똑똑한 남자애가 아니면 학교에서 여자애들 등쌀에 눌려서 기 한 번 펴지 못한다고 한다. 그래서인지 요즘 딸 가진 엄마들의 목소리가 날로 커지고 있다.

　이런 때에 이효리 같은 미인이 나온 것은 자연스러운 현상이라고 본다. 그러나 남성의 깊은 심층심리는 여전히 여성스러운 여자를 선호함을 알았다. 하얀 저고리에 검정 치마를 입은 조명애를 보자. 아무리 봐도 튀는 구석이라곤 보이지 않는 얌전스런 용모에 표정은 남자의 보호본능을 불러일으키는 애처로움까지 느껴지지 않는가. 가까이 다가가면 상냥하게 웃어줄 것 같고 말을 걸면 부끄러워할 것 같다. 남자들에게 두 여자 중 누구를 배우자로 택할 것인가 라고 설문조사를 한다면 당연히 여성스럽고 얌전한 여자를 택할 것이 빤하다. 남한에 살면서도 조명애를 택한 남자를 나무랄 수도 없겠다. 남자들의 본능적 보호본능은 이렇듯 연약한 여인을 위한 힘이 있는 것이다. 아니 그런 남성의 심리를 이용할 줄 아는 여성이야말로 진정 힘이 있다고 봐야 할 것이다. 똑똑하고 당찬 우리의 남한 딸들이 성형에 매달리기 전에 이런 진실을 알았으면 좋겠다. 그렇다고 성형을 반대할 마음은 없다. 다만 성형보다 더 귀한 것이 있음을 잊지 않았으면 싶어서다. 가장 여성스러운 것이 여자를 구제한다는 말이 있다. 상반된 남북 미인의 사진을 보며 진정한 미인은 우리 각자의 마음에 있음을 생각해 본다.(2012. 12. 29)

서예 전시장에서

오랫동안 소식이 끊겼던 서예회원에게서 전화가 왔다. 캐나다에 가 계신 선생님이 서예전이 있어 잠시 나왔다며 선생님도 뵐 겸 나올 수 있느냐는 전화였다. 나는 반가웠으나 약속일이 교회에 가는 일요일인 것에 맘이 걸려 망설이다가 결국 짬을 내기로 했다.

예배가 끝나자마자 곧장 가면 약속시간에는 맞출 수 있을 것 같아서다. 서예진이 처음은 아니건만 마음이 무척 설레있다. 선생님을 뵐 수 있다는 기쁨 때문인 것 같았다.

생각보다 서예전은 조용했다. 주최 측 회원들만 출입문 앞에 몇 명 서 있을 뿐 텅 비어 있다. 시간은 정오가 넘었는데 약속한 회원들도 없다. 약속시간을 삼십 분 정도 늦춰 달라고 부탁한 것을 상기하며 안으로 들어갔다. 뜻밖에도 초입반 시절의 스승인 채연 선생님이 앉아 계셨다. 고희의 연세건만 제자들의 전시회라고 찾아온 것 같았다.

여전히 곱고 깨끗한 피부였다. 인사를 하자 반가워하며 내 손을 잡아준다. 전에 없이 친근했다. 얼마나 차갑고 이지적인 분이셨던가. 나이 먹었다고 봐주는 법도 없고, 얼렁뚱땅 시간 때우기로 배우는 건 더더욱 허용하지 않던 선생님이다. 그래서 더러는 그 매정함에 상처도 받지만 선생님의 지도를 열심히 받은 사람들은 각 서예전에 작품을 내어 지금은 이름 있는 작가

로 등단해 있다. 우리에게 한글 서예를 수년간 지도해 준, 지
금은 캐나다에 가 계신 죽산 선생님도 채연 선생님의 애제자
중 한 사람이다. 선생님은 내게 도록 한 권을 주며 작품을 둘
러보라고 했다.

  5회째 전시회가 된다는 묵영 회원들의 글씨는 많이 발전해
있었다. 오랜 습작을 거친 것이 느껴졌다. 글자 하나하나가 무
척 정갈해 보이는 것도 그렇고, 정자에서부터 낙성 비룡체에
이르기까지 다양하게 출품했건만 어느 것 하나 처지는 것이 없
다. 그 동안 갈고 닦은 실력을 맘껏 발휘한 현장이었다. 살다
보면 붓을 잡을 수 없는 어려움도 있었겠지만 끝까지 붓을 놓
지 않은 묵영 회원들에게 존경심이 일었다.

  붓글씨는 마음을 정화시키는 데 가장 좋은 예술이라고 한다.
붓글씨를 쓸 땐 마음이 물처럼 맑아야 한다고 한다. 그렇지 않
고는 글씨를 쓸 수가 없단다. 급하거나 들뜬 마음으로 붓을 잡
으면 글씨는 절대로 쓰지 못한다. 먹물의 농도에서부터 글씨의
크기, 종이의 질, 글씨 사이의 자간 정하기까지가 고요하고 정
한 마음을 요구하는 때문이다. 그래서인지 서예를 하는 사람의
정서는 어린애처럼 순수하고 고향처럼 순박한 것 같다.
  빠르게 변화하는 21세기에 살아도 천고의 기품을 꿈꾸고,
물질만능주의가 아무리 팽배해도 서예를 계속할 수 있는 환경
만 주어지면 그 이상의 욕망도 바라지 않는 무심(無心)이 서예
인 들에게는 있는 것 같다. 채연 선생님과 죽산 선생님이 그런
분이시다. 채연 선생님이 입주 때부터 살았다는 20평 아파트

에서 아직까지 사는 것을 봐도 그렇고, 개인전도 아닌 회원전이건만 작품 하나를 들고 와 참여한 죽산 선생님의 열정을 봐도 그렇다. 관객이라고는 서예회원 몇 명에 불과하건만 돈을 들여 작품을 만들고 전시회를 한다는 것이 어찌 보면 낭비같이도 느껴진다. 그러나 서예인들은 전시회를 중요하게 여기며 앞으로도 계속해서 관객 없는 전시회를 할 것이다. 누가 봐 주든 안 봐 주든 그들은 오직 서예가 좋아서 한다는 것이다. 그들의 그러한 활동은 그들 자신도 모르는 사이에 자신은 물론, 주변까지도 정화하는 청정제 역할을 하고 있음을 느낀다.

병원이나, 빌딩의 벽면에 붓글씨로 써 놓은 명언들은 수많은 사람들에게 감동을 주지 않던가. 보통글씨와는 달리 붓글씨로 써놓은 글씨를 볼 땐 그 감동이 배나 더하는 것만 봐도 안다.

오늘도 전시회 작품은 많은 감동을 줬다. 성숙한 글씨에 알찬 내용 탓이었다. 흘림체로 쓰인 독립선언문이 그랬고, 반흘림체로 쓰인 잠언의 말씀이 그랬다. 특히 잠언 삼장의 말씀은 모두에게 찬사가 됐다. 내용도 내용이지만 고른 글자 크기며 먹물의 선명도가 너무나 단아하고 부드러웠기 때문이다. 두 장짜리 가리개 글씨도 쉽지 않거늘 다섯 줄 스물 네 자인 여덟 폭짜리 병풍글씨를 한결같은 농도로 틀리지 않고 쓴 것이 정말 감탄스러웠다. 전도서의 말씀을 병풍으로 만들고자 연습하던 중 도중하차 한, 그래서 늘 미련이 많은 나로서 무척 부러웠다. 옆에서 같이 보던 분도 부러운 듯 한숨을 쉬었다. 뒤늦게 온 회원들도 병풍이 제일 감동스럽다고 했다. 그것은 병풍 글씨 쓰기가 그만큼 어려운 탓이리라.

저녁예배 시간에 맞춰 먼저 세종문화회관 전시장을 나오는 내 마음은 가벼웠다. 그리고 오늘 나오길 잘했다는 생각을 했다. 서예회원과 만나 두 분 스승님을 모시고 식사한 것도 좋았다. 아무리 고희지만 서예에 대한 이야기만 나오면 청년의 열정을 갖고 말씀하시는 채연 선생님의 냉철하신 언변과 또한 제자인 우리에게 대접받기보다 대접하길 더 좋아하는 죽산 선생님의 캐나다 이야기도 재미있었다. 우리는 다음 약속을 기약하진 않았다. 그러나 전시회가 열리게 되면 또 만날 것이다. 채연 선생님도, 죽산 선생님도, 회원들도 모두가 서예를 너무 사랑하니까.(2000)

엄마에게는 불량아들이 없다

시장에서 A의 엄마를 만났다. 남편의 사업 실패와 비뚤어진 길로 발을 내딛은 아들 때문에 물질고생, 맘고생을 하는 집사님이다. 몇 년 전만 해도 같은 지역이고 교회 가는 길이 같아서 자주 만날 수 있었지만 A엄마가 교회 근처로 이사한 뒤로 만날 기회가 전혀 없어 교회에서 뒷모습을 본다거나 기도하는 모습을 볼 때면 지금은 사정이 어떠한지 무척 궁금했었다.

A엄마는 얼굴 그득히 웃음을 지으며 손을 잡았는데 아직도 마르고 연약했지만 안색은 불그레하니 좋아 보였다. 그래도 위가 안 좋았던 것을 생각하여 건강을 물었더니 지금은 밥도 잘 먹고 일도 다닌다며 하나님의 은혜에 감사한다고 했다.

사람은 어려움을 겪으면서 신앙이 자라는 것 같다. 뽀얀 얼굴에 분홍빛 화색이 도는 A엄마는 아무리 치아가 상해 있을지언정 미인임에 틀림없다. 쌍꺼풀이 곱게 진갈색에 가까운 맑은 눈빛, 이목구비가 또렷하고, 태도가 얌전스런 것이 서구적이면서도 동양적인 분위기가 있는 분이시다.

그러나 가난한 남편을 만나 야채장사 등 안 해 본 고생이 없을 만큼 힘들게 산다. 내가 A엄마를 알게 된 것은 지역 예배를 통해서였다. 남편의 사업 실패에다 사고를 친 아들 때문에 어려움을 겪는다며 기도 제목이 올라왔을 때만 해도 나는 그녀에 대해서 전혀 몰랐다. 교회 가는 길 오는 길에 가끔 부딪히는 미인이 그 분인 줄은 더더욱 상상도 못했다. 언제나 수수한 차림인 것으로 보아 남편이 대기업에 다니거나 고위 공직자까지는 아닐지라도, 교사거나 공무원쯤 되거나 그 수준의 복은 누리는 줄 알았다. 그런데 막다른 골목, 햇빛 한 조각 안 드는 지하방 불빛 아래서 만난 여자는 다름 아닌 길에서 가끔 보던 서구형 미인이었다. 그때 나는 미인도 극빈자일 수 있음을 알았다. 가난하게 사는 미인이 없으란 법은 없지만 아무도 살지 않는 먹 방에서 살며 굶기까지 한다니 너무나 놀라웠다. 가지고 간 쌀과 보리로 몇 끼나 때울지 안타깝기만 했다.

장사를 그만두고 남편은 노동자로 뛰고, 자기는 일을 다닌다는 A엄마는 하나님밖에 모르는 여자로 변해 있었다. 말끝마다 하나님 은혜가 감사하다고 했다. 적은 돈으로 햇빛 드는 방을 얻게 된 것도 감사하고, 남편이 일을 하게 되어서 감사하고, 가족이 건강한 것도 감사하고, 아들이 아직도 속을 썩이지만 모든 걸 하나님께 맡기고 있어서 마음이 평안한 것도 감사하다고 했다.

솔직히 내가 A엄마를 만났을 때 가장 궁금한 것은 아들에 대해서였다. 빨간 머리였다가 파랑머리였다가 하얀 머리였다가 하며 오만가지 색으로 염색을 하고, 찢어진 바지에 오토바이를 몰고 다니기도 하는 A! 껄렁거리는 아이들하고 패거리 지어 다니는 중에도 가장 튀게 노는 A는 정말 한심하지 않을 수 없었다.

지금 고등학교 3학년인 A는 결코 평범한 아이가 아니었다. 엄마를 닮아 아니 엄마보다 더 곱상한 것이 분명 미남이지만

행색은 불량아 중의 불량아였다. 요즘 아이들 다 그런다 하지
만 극단적으로 유행을 좇아간다면 사람들의 눈살을 찌푸리게
한다. 더구나 고등학교 3학년 학생이라면 단정한 머리에 교복
을 입어야 한다는 규칙이 있는데 연예인도 아닌데 유행의 첨단
을 좇으며 학교의 규율을 어기고 있으니 누가 봐도 몽둥이 감
이다. 그런데도 그 엄마는 자식을 하나님께 맡겼다며 평안을
누린다니 이해는 안 가지만 다행이다 싶었다.

"하나님이 집사님을 무척 사랑하나 봐요. 기도를 쉬지 못하
게 A를 가시로 주신 걸 보니 말예요. A도 하나님이 인도하실
거예요."

어설픈 격려의 말은 했지만 마음이 아팠다. A는 그 엄마를
알기 전부터 아는 아이다. 내가 초등부 교사를 할 때 A는 주
일학생이었다. 여자처럼 예쁘게 생긴데다 출석을 잘하여 교사
들은 A를 모르는 사람이 없다. 다시 말해서 A는 교사들의 사
랑을 독차지하는 모범학생이었다. 그런데 부모님이 일하러 나
간 시간에 주위의 불량 형들의 꼬임에 빠져 남의 집 담을 넘기
시작한 것이 끝내는 발각되어 경찰서까지 오가더니 불량학생이
된 것이다. 이제는 엄마가 붙들고 애원해도 말을 안 듣고, 선
생님도 포기한 학생이 되었단다. 오토바이를 타고 질주하는 것
으로 스트레스를 풀고, 머리 염색을 튀게 해 자신을 과시하는
이상한 학생이 되어 버린 것이다.

A의 어머니는 아들을 위해 밤잠을 안 자고 기도함을 나는

잘 안다. 어쩌다 기도하러 교회에 가면 아무도 없는 기도실에서 목을 놓아 울며 기도하는 여자가 A의 엄마인 것을 많이 보았다. 사람들은 A엄마 때문에 기도를 못하겠다고 투덜거리기도 한다. 그러나 A의 엄마 입장이 되어 보면 어느 누가 그렇게 기도 안 할 수가 있을까. 길에서 A가 오토바이를 씽하니 몰고 달려가는 것을 보면 가슴이 서늘해진다.

그래도 A는 가끔 교회에 나오니 얼마나 다행인가. 우리 A를 하나님이 크게 쓰려나 봐요. 그러니까 쉬이 돌아오지 않지요. A의 엄마는 A를 포기하지 않았다. A의 엄마가 바라보는 아들은 결코 불량한 아이가 아닌 것이다. 아들의 장래에 희망을 걸고 있었다. 그럼요, A는 꼭 정신 차리고 돌아올 겁니다. 엄마의 간절한 기도가 있는 한 A는 망하지 않을 것입니다. 기도하는 자식은 망하지 않는다고 했으니까요. 말하는 동안 나도 A는 돌아올 거라는 확신이 왔다. 아들을 포기하지 않는 어머니가 있는 한 결코 그 아들은 돌아오고 말 거란 확신이 드는 것에 대해 진지한 묵상을 해보는 바이다.(2000)

II.

잊을 수 없는 사연

부끄러운 추억

여고시절 좋아하는 남학생이 있었다. 학교 가는 등교 길에서 가끔 만나곤 했는데 나중에는 안 보면 허전했다. 그 남학생은 고향의 이웃에 사는 학생으로 부유해 보이고 얼굴이 희고 깨끗했다. 도회지로 나와 학교를 다니는데 그 애도 나와 같은 도시로 나와 학교를 다니고 있었다.

우리는 동창이지만 한 번도 같은 반을 한 적이 없었기 때문에 그 남학생이 동창생이라는 것 외에는 아는 게 없었다. 공부를 잘 하는지, 그림을 잘 그리는지, 정직한 애인지 전혀 아는 것도 없으면서 희고 깨끗한 겉모습에 반해 좋아했던 것 같다.

이리시 EMI학원 사거리 등교 길은 언제나 학생들로 가득 찼다. 역방향으로 가야 하는 나는 긴장감과 설렘으로 걸어야 했다. 그런데 줄지어 걸어가는 남학생들 속에서 그 남학생이 보이면 얼마나 기분이 좋았는지 모른다. 고등학생이 된 그 남학생은 많이 변해 갔다. 일류고등학교 배지를 달고 있었지만 모자를 삐딱하게 쓰고 다니는 것이 건달 같은 분위기를 풍겼다. 그런데도 그 남학생이 여전히 좋았다. 오히려 영화 속 액션스타처럼 매력을 느꼈던 것 같다.

내가 쪽지편지를 쓸 만큼 그 남학생을 좋아한 것은 그 남학생이 사는 집을 안 것이 사달이었다. 자취집을 옮겼는데 부근에 그 남학생이 살 줄이야. 그런데 더 공교로운 것은 나처럼 자취를 하는 우리 반 친구가 있었는데 그 애는 선생님의 도시락 심부름을 한다며 그 집을 들락거렸다. 그러니까 그 남학생의 형이 되는 우리 학교 상업 선생님의 도시락 심부름을 하였던 것이다. 이래저래 그 남학생에 대해 더 많이 알게 되었다.

한 번은 친구가 그 남학생 네 집에 갈 일이 있다면서 같이 가자고 하여 따라갔다. 그 남학생을 만날까봐 겁을 내면서도 호기심에서 같이 갔다. 그 남학생의 어머니는 우리를 친절하게 대해주었다. 자취를 한다고 하니까 고향을 물었다. 김제 청하라고 하니까 고향 처녀라며 간식까지 내 놓으니 먹고 가라 했다. 그러나 그 남학생이 올까봐 조마조마 했다. 친구에게 빨리 가자고 했지만 친구는 간식을 먹느라 냉큼 일어나지 않았다. 그러는 동안에 그 남학생이 학교에서 왔다. 엄마한테 고향 여학생들이 왔다고 들었는지 우리가 있는 방문을 망설임도 없이 활짝 열어젖혔다. 지금 생각해도 참 당돌하고 용감한 행동이었다. 순간 나는 벽을 향해 돌아선 채 그 남학생이 나갈 때까지 얼굴을 보여 주지 않았다. 물론 간식도 못 먹고 도망치듯이 돌아왔다.

지금 생각해도 그 때의 내 마음을 내가 모르겠다. 만나면 얼굴도 못 보여줄 만큼 부끄럽건만 풀지 못한 게임에 매달리듯 그 남학생에게 빠져들었다. 편지를 쓴 것은 이 무렵이었다. 쪽지 편지를 접어서 익명으로 그 집 우편함에 넣었다. 익명의 편지를 보내고 나니 답장을 받고 싶었다. 그런데 그 쪽에서 주소를 알아야 답장을 쓸 것이 아닌가. 나는 내 이름이 아닌 다른 예쁜 이름으로 주소를 써서 편지를 보냈다. 얼마 후 기다리는 답장은 안 오고 대문 밖에 누가 찾아왔다고 주인아주머니가 말했다. 그 남학생이 어둠 속에 서 있었다. 얼마나 놀랐는지 선 자리에 얼어붙어 버렸다.

그 남학생도 뜻밖의 나를 알아보고 놀란 것 같았다. 편지 보내지 말아요. 그 남학생은 실망한 듯 어눌하게 말하고 훌쩍 가 버렸다. 순간 내 안에서 부글대던 열기가 한 순간에 식어버리는 것을 느꼈다. 마치 <바람과 함께 사라지다>라는 영화처럼. 나의 숨은 사랑은 이렇게 한바탕의 거품으로 가라앉아 버렸다.

그 후로 그 남학생이 보고 싶다는 생각은 싹 사라지고 만날까봐 겁이 났다. 지금까지도 그 때의 일이 오점으로 지워지지 않으며 부끄러울 정도니까. 그래도 꿈 많던 시절에 누군가를 좋아했다는 사실이 가끔은 아름답게 추억된다. 지금 그 사람은 어디에서 무엇을 하며 사는지 알지 못하지만 또 알고 싶지도 않지만 그 사건은 두고두고 소설을 쓰는 내 인생의 성장 판을 자극하는 저울추로 남을 것 같다. 아직도 내가 자라는 이유가 여기에 있는지도 모르겠다.

향수(香水) 냄새

몇 해 전 일이다. 초등학교 여름 동창회가 있던 날이다. 고향 소재지로 가서 맛있는 한우로 점심을 먹는다는 문자를 동창회 총무로부터 여러 번 받았다. 그렇지 않아도 수련공원이 생겨 관광지가 되었다는 고향이 가보고 싶었는데 휴가철도 되고 마침 잘되었다 싶었다.

용산에서 7시에 전제 버스가 출발한다니 새벽부터 잠자는 남편이 깰 새라 까치발을 하고 다니면서 준비를 했다. 이제 옷을 입고 떠나기만 하면 되었다. 거울 속의 내 모습은 산뜻하니 발랄했다. 착각이겠지만 십 년은 젊게 보였다. 이 정도면 기죽지는 않겠지. 나는 거울 속의 나를 이리 보고 저리 보며 옷매무새를 고치고 장신구도 주렁주렁 붙이고 귀걸이도 달았다.

이 정도에서 그만하고 떠났으면 좋았을 걸 평소엔 보이지도 않던 향수가 그날따라 눈에 띄었다. 바다 건너서 온 향수라며 딸이 준 것이다. 받은 지가 오래됐건만 그 동안 한 번도 사용하지 않았다.

향수까지 뿌려? 나는 내 손가락 두께만한 작은 향수병을 들어 조심스럽게 귀밑 머리칼 속에 대고 뿌렸다. 그런데 누르는 감각도 냄새도 없다. 자세히 살펴보니 이 향수병은 향을 뿌릴 수 있게 만들어진 것이 아니었다. 그렇다고 뚜껑을 열 수도 없는 것이 도무지 사용법을 모르겠다. 결국 억지로 뚜껑을 젖히

자 비로소 혹— 향내가 난다. 조그만 향수병을 기울였다. 병 속
의 액이 생각보다 많이 흘러나왔다. 작은 주둥이 속에 다시 흘
려 넣으려 했지만 주둥이가 너무 작아 내 손바닥에 모두 새 버
린다. 송진내 같기도 하고 탱자 향 같기도 한 향은 맑고 싱그
러웠다. 향내는 점점 방 안에 가득 고이기 시작했다. 손바닥에
묻은 액을 머리칼 속으로 엣센스 바르듯 발랐다. 옷에도 군데
군데 발랐다. 명품 향수라는데 손을 씻기도 아까웠다.

　세계 제일의 샤넬 향수가 아닌가. 나중에 크리스천 디올 어
딕트인 것을 알았지만. 어쨌든 디올 어딕트도 세계적인 향수로
디올의 향수 중엔 최고라고 했다.

　버스에 타자 나에게 시선이 집중됐다. 수수한 출근복 차림뿐
인 손님들에 비해 새로 구입한 하얀 꽃무늬가 시원하게 그려져
있는 짙푸른 블라우스는 부담스러울 만큼 화사했다. 거기에다
하얀 샌들에 하얀 칠부 바지 차림이었으니 튀어 보일 수밖에
없었다. 어디서나 튀는 사람을 바라보는 게 인간심리거니 하는
마음이어서 부러 신경 쓰지 않았다. 그래도 이 무더위에 밝고
시원하게 옷을 입었으니 다른 사람의 눈에 좀 튀는 것쯤이야
약이지. 내 마음은 나에 대해 무척 긍정적이고 너그러워지려
노력했다.

　용산에 도착하니 남자 동창생들이 우리를 기다리느라 버스
에 타지 않고 길가에 죽 늘어서 있다. 나를 보자 모두가 반가
워하며 남자처럼 악수부터 한다. 그런데 내가 팔을 들어 올릴
때마다 향수냄새가 진동했다. 아직도 진한 느낌의 향수냄새가
온 몸에서 나고 있었던 것이다. 오는 동안 많이 희석되리라고

생각했는데 아니었다. 아차, 싶었다. 이름 있는 향수가 괜히 유명한 것이 아니었던 것이다. 아주 작은 한 점일지라도 향을 오래 간직한다는 점에서 진가를 발휘하는 것 아닌가. 그러나 어쩔 것인가. 그렇다고 이제 와서 머리를 감고 샤워를 할 수도 없는걸. 그리고 냄새에 예민한 나나 그렇게 느끼지 다른 사람에겐 그렇게 고약하진 않을 거야.

난 스스로를 위로하며 모른 척 웃고 떠들며 잡담을 하다가 기다리던 친구가 와서 버스에 올라탔다. 버스 안에는 여자동창생들 몇 명과 얌전한 남자동창생들 몇 명이 앉아 있었다. 그런데 조금 있으니 여친 하나가 머리가 아프다며 밖으로 나갔다. 조금 더 있으니 다른 여친들도 조급한 발걸음으로 버스 밖으로 나갔다. 그리고는 들어올 생각을 안 했다. 마침내 남자 동창생들마저 밖으로 나갔다. 한 번 붙어 앉으면 도착지에 갈 때까지 눌러 붙어 있을 것 같았는데. 순간 내 몸에서 나는 향수냄새 때문인가 하는 생각이 들었다.

“야아, 나한테서 무슨 냄새 나지? 고약하지?”

더 이상 모른 척 시치미를 떼고 있을 수가 없어 친구한테 물었다.

“뭐가? 아아, 야- 너 향수 뿌리고 왔구나. 난 좋은데?”

의외로 친구는 내가 뿌리고 온 향수냄새를 좋다고 했다. 오히려 나이 들수록 향수를 조금 뿌려야겠더라고까지 했다. 비로소 마음이 놓였다. 그리고 그깟 향수냄새에 머리 아프다며 밖으로 나간 친구들이 촌스러워 보이기까지 했다. 시간이 되어 운전수가 올라오고 마침내 버스가 출발했다. 아까 머리가 아프

다는 여친은 도착지에 가도록 창문을 열어 놓고 창밖만 바라보
고 갔다.

고향마을에 가니 희끗희끗 반백의 머리에 얼굴 가득히 세월
의 훈장을 붙인 동창생들이 서울서 오는 우리를 맞아 주었다.
버스에서 내리는 한 사람 한 사람과 악수를 하고 반가운 사람
들은 껴안고 포옹까지 했다. 광주에서 일찌감치 올라온 친구도
나를 보자 달려와 깜짝 반가워하며 좋아라 한다. 비록 중 고등
학교는 같이 다니지 못했지만 편물을 하여 돈을 잘 벌었던 능
력 있는 애여서 한때는 실업자로서 많이 빌붙었던 친구다. 우
리는 나이도 잊고 어깨를 잡고 껑충껑충 뛰었다. 그리고 화장
실까지 같이 가서 볼일을 보고 립스틱을 바르다가 내 립스틱이
좋다고 하기에 그 립스틱을 선뜻 주기까지 했다.

여기까지는 기분이 좋았다. 격조했던 친구까지 만나고 보니
오늘은 누기 뭐래도 즐거운 날이었다. 마당에서 식당으로 자리
이동을 하는데 갑자기 광주 친구가 나를 가장 끝에 있는 식탁
귀퉁이까지 데리고 가더니 넌 여기앉아서 먹을래? 한다. 안 쪽
엔 여친들이 죽 앉아 있었는데 그쪽엔 자리가 없다며 구태여
못 가게 했다. 그러고 보니 여친들은 하나같이 나를 외면하며
고개를 돌리고 있다. 왜 그러냐는 내게 광주 친구는, 이유는
묻지 마! 넌 이쁘니까. 여기 앉아서 먹고 이따 밖에서 만나자.
광주 친구는 반장이 자리 정돈하듯 내 자리를 정해 주고는 자
기의 사명을 다한 사람처럼 가버렸다. 그래도 서울서부터 짝인
장위동 친구가 옆에 앉아 주어 다행이었다.

배가 부르도록 한우고기를 잘 먹은 후 백 수련공원과 마무리

공사가 남았다는 새만금 공사장까지 둘러본 우리는 고향 동창
생들과 이별을 고하고 다시 버스에 올랐다. 그런데 아침에 머
리가 아프다던 여친이 아주 힘든 표정으로 창가에 앉아 창문부
터 열어 놓으며 아직도 머리가 아프단다. 아픈 이유를 물으니,
　"아유! 향수냄새 땜에 내가 죽어!"
　마침내 여친은 참지 못하고 말했다. 킥킥킥 속절없는 웃음보
가 터졌다. 말은 안 했지만 그 동안 향수냄새 때문에 고생하는
그녀를 왜 몰랐겠는가. 그토록 반기던 광주 친구도 반가운 만
남에 비해 냄새 때문에 옆에 오지도 못하고 멀리 떨어져 있다
가 헤어지지 않았는가. 내게서 나는 냄새니까 그렇지 나도 향
수냄새라면 멀리 도망쳤던 사람이었나. 혹 끼쳐 오는 깃이 향
기롭지만 지속적으로 맡고 있노라면 머리가 지끈거리고 구토가
올라오곤 했다.
　어릴 때부터 향수에 익숙하지 못한 때문이다. 그날 이후로
향수를 뿌리기가 겁이 난다. 비록 세계적인 디올 향수라도 과
하면 안 하니만 못한 것이다. 인생살이도 이와 같은 것이 아닌
가 생각해 본다. 아무리 좋은 열정도 과하면 물리고, 아무리
상냥한 친절도 과하면 귀찮아지듯 도를 넘는 과함은 상대를 피
곤하게 함을 깨달아 본다. 그래서 중용의 덕을 연습할 필요가
있는지도 모르겠다.

　우리 민족이 사랑한 향은 매향과 난향과 국화향이 아닌가 싶
다. 사군자에 속하는 꽃이면서 우리 민족의 정서를 드러내는
그림을 보면 알 것 같다. 이들 꽃 향의 공통점은 화사하지는
않아도 기품이 있다는 점이다. 있는 듯 없는 듯 은은한 향내가

얼마나 매혹적인가. 인고의 삶을 버티어 낸 우리 민족의 바탕을 알게 하는 고매한 향이 아닌가 싶다. 문득 다른 사람이 볼 때 나는 어떤 향에 속할까 생각해 본다. 자신이 없다. 매향이나 난향 국화 향은 언감생심 흉내도 못 내겠다. 그래도 딱 하나만 말하라 하면 라일락 향 같은 여자가 되고 싶다.

꽃의 유래에 대해서는 알지 못하지만 서울생활 30여 년 동안 가장 좋아한 향이 아닌가 싶어서다. 수수한 꽃잎에 비해 동네를 진동하던 라일락 향은 마셔도, 마셔도 싫지가 않다. 봐도 봐도 부담이 없고 싫증이 나지 않는 사람, 누구나 좋아하고 찾는 사람이라면 라일락 향 같은 사람이 아닐까 싶다.

그러나 그것도 한낱 욕심으로 끝날 것 같은 두려움이 드니 역시 나는 꽃 향을 탐할 만큼의 덕망이 없음에 한탄하는 바이다.(2011. 01 .16)

피아노

12월 어느 날이었다. 외출하고 돌아오니 거실이 어수선하게 어질어져 있다. 웬 대청소? 나는 옷장이며 물건들이 거실에 나와 있는 것을 보고 딸이 대청소를 하는 줄 알았다. 그러나 내 예상과는 달리 놀라운 일이 벌어져 있었다.

"엄마, 피아노 팔았어. 삼십만 원이라는데 우리 피아노는 상태가 좋다며 삼십 오만 원에 사갔어."

대학생 딸은 거추장스런 짐 덩이라도 해치웠다는 듯 밝은 목소리로 말했다. 순간 나는 뒤통수를 한 대 딱 얻어맞은 기분이었다. 각종 시험을 준비하는 수험생들과 함께 생활해야 하는 고시원으로 이사 온 뒤로 피아노를 칠 수 없게 된 딸은 가끔 칠 수도 없는 피아노는 팔고 디지털 피아노를 살까 아니면 피아노에 방음 시설을 할까 내게 상의를 많이 해 왔었다. 하지만 둘 다 돈이 많이 든다는 이유로 차일피일 미루고 있었는데 그예 딸은 일을 저지른 것이다. 나의 놀라움은 생각할수록 커져 갔다. 내게 상의 한 마디 없이 팔다니. 그것도 삼십오만 원 헐값에.

아니 넌 엄마한테 물어보지도 않고 피아노를 파나! 제값도 못 받고 말야. 나는 피아노를 판 것도 황당하지만 삼십오만 원에 피아노가 팔렸다는 말도 믿어지지 않아 더 이상 인내하지 못하고 소리를 쳤다. 마치 피아노를 빼앗기기라도 한 듯 가슴이 아팠다. 피아노가 있던 텅 빈 자리를 보니 더 가슴이 쓰리고 아파 견딜 수가 없었다. 그 피아노를 어떻게 샀는데 그렇게 쉽게 네 맘대로 팔지? 나는 높아지는 음성을 죽이며 진정하려고 애썼지만 진정은 되지 않고 계속 소리쳤다. 피아노 가게로 전화하여 피아노를 다시 돌려달라고 사정도 했다. 어른도 없는데 가져갈 수 있냐고 따지기도 했다. 그러나 이미 팔려간 피아노는 다시 돌아올 수가 없었다. 알고 보니 가격도 딱이 헐값이라 할 수도 없다고 한다. 검은색 피아노 가격은 팔 때는 그 정도 가격밖에 못 받는다고 했다. 나는 피아노 가격을 떠나 피아노에 대한 아쉬움으로 쉽게 충격에서 헤어날 수가 없었다.

비록 내가 피아노를 치는 것은 아니지만 얼마나 애지중지 하던 피아노인가. 일 년에 한 번 이상 조율하는 것은 물론이고, 이사를 하거나 이동할 시는 반드시 손을 보곤 하면서 상태 보존에 힘썼다. 그것은 피아노에 대한 나의 애착과 관심의 증표였다.

농촌에서 태어난 나는 피아노는 만화책 속에서만 보았다. 피아노를 처음 본 것은 중학교 대강당에서였다. 내가 다니는 중학교는 고등학교랑 같은 강당을 사용했는데 거기 있는 피아노를 아침시간, 점심시간 또 방과 후 시간에 고등학교 언니들이 돌아가면서 피아노를 쳐댔다. 지금 생각하니 대학진학을 위해 연습했던 것 같다. 맑은 물방울이 굴러가는 듯한 피아노 소리는 얼마나 아름다웠던가. 예술제 때 <소녀의 기도> <젓가락 행

진곡>을 척척 쳐대던 반 애가 또 얼마나 부러웠던가. 언제 배
웠기에 건반에서 음을 척척 찾아내 두들길까. 시골 학교에서
오르간에 맞춰 노래연습 하는 것도 신기했는데 피아노에 맞춰
노래를 하니 더욱 감격스러웠다. 피아노가 무척 배우고 싶었
다. 그러나 중학교도 간신히 다니는데 돈을 들이면서 피아노를
배운다는 것은 꿈도 꿀 수 없었으니 피아노를 친다는 것이 특
별하게 보였고 당연히 피아노에 대한 사무친 소원을 품게 된
것 같다.

초등학교에 갓 입학한 딸에게 피아노를 가르친 것은 이 때문
인지도 모르겠다. 내가 못한 것 딸에게는 가르치고 싶다는 열
망으로 다른 것은 못 가르쳐도 피아노만은 꾸준히 가르쳤다.
다행히도 딸은 진도를 잘 따라가 주었다. 대부분 체르니 40번
에서 포기한다는데 중도에 하차하지 않고 싫다는 말도 안 하고
학원에 잘 다녀 주었다. 집에 피아노가 있으면 더 열심히 칠
것 같았다. 통장의 돈을 다 털어서 피아노를 샀다. 당시 신정
동 뚝방 동네선 피아노 있는 집이 없었다. 그래서인지 검은색
칠이 반짝이는 피아노가 햇살을 받으며 우리 동네 좁은 골목으
로 들어올 땐 구경꾼들이 몰려올 만큼 피아노는 찬란했다. 동
네 애들은 우리 마당으로 우르르 몰려와서 덕은이는 좋겠네!
하며 여간 부러워하지 않았었다.

그러나 딸보다 더 좋아한 것은 나였다. 좁은 방에 피아노를
놓으니 작은 방을 다 차지하였건만 답답한 줄도 모른 채 아침
저녁으로 애지중지 하며 먼지를 닦았으니까. 초라한 세간 가운
데서 유난히 반짝이는 피아노는 내게 부자 이상의 행복을 느끼

게 했다. 이듬해 그 동네를 떠나려고 이삿짐을 나르는데 보는 사람마다 피아노 하나만 빼고 다 버려도 되겠네요, 라고 해서 얼마나 웃었던가. 생각해 보면 그 때 피아노는 우리 집의 긍지요 자부심이었다. 피아노가 있는 한 부러운 게 없었다. 그러나 딸은 엄마의 의지에 따라 피아노를 배웠고, 돈 걱정 한 번 하지 않고 피아노 학원에 다녔으니 피아노의 소중함을 알지 못한 것이다. 뒤늦게 피아노 치기가 특기이자 취미가 되었다며 피아노를 열심히 가르쳐 준 엄마에게 고맙다고 한 딸이지만 칠 수 없는 피아노는 당연히 처분하고 다양하게 칠 수 있는 피아노를 사는 것이 현명하다고 생각했던 것 같다. 딸은 디지털피아노를 사고자 결심한 이상 하루라도 빨리 피아노를 팔아야 한다고 생각한 것 같았다. 그런데 엄마가 무척 아쉬워하자 어쩔 줄 몰라 했다. 그리고 곧 엄마를 이해시키려 애썼다. 비전공자로선 피아노보다 디지털피아노가 취미생활 하기엔 안성맞춤이며 기능이 다양해서 작곡도 할 수 있고, 소리조절이 가능해서 고시생들을 방해하지 않고도 맘껏 칠 수 있으니 훨씬 좋다고 했다.

듣고 보니 딸의 말도 일리는 있었다. 나는 조금씩 노여움은 풀었지만 그래도 아쉽고 허전한 마음을 어쩔 수 없었다. 마치 애지중지 하며 보관해 온 보물을 잃은 것만큼이나 맘이 아팠다.

나는 언제부턴가 자손에게 물려 줄 가보를 갖고 싶다는 생각을 했었다. 그러나 보잘것없는 가문에다, 높은 학문이나 권좌를 누려보지 못한 집안인 만큼 집엔 가보가 될 만한 것이 있을

리 없었다. 그런데 피아노를 산 뒤론 자손 대대로 물려줄 물건
이 생겼다는 자부심을 가졌었다. 서양소설에 보면 조상대대로
물려받은 가보중 피아노가 자주 등장하는 것을 봤으니까. 나는
내가 산 피아노가 그런 물건이 되길 바랐다. 그런데 도둑맞은
것처럼 싼 값에 팔렸으니 생각할수록 딸이 맹랑하고 안타깝다.
그러나 이미 엎질러진 물이 되었다. 더 이상 딸을 나무라기엔
피아노와 디지털피아노를 같이 놓을 공간도 없잖은가. 디지털
피아노를 사고자 낙원상가를 다 뒤지면서도 피아노에 대한 아
쉬움으로 가슴이 아팠다.

　피아노가 있던 자리에 더 비싸고 더 신식인 오크나무 디지털
피아노가 놓였지만 텅 빈 내 마음은 채워지지 않았다. 피아노
에 대한 그리움만 더 커질 뿐이다. 육중한 자태로 벽 한쪽을
장악하는 답답함에도 불구하고 피아노는 그 자체만으로도 우리
집의 고고한 긍지를 살려주지 않았던가. 피아노 소리가 나는
집은 특별한 느낌을 주던 엘리트함 또한 어찌 간과할 수 있단
말인가. 딸이 열정적으로 베토벤을 치고 쇼팽을 칠 때면 전율
이 일어나던 그 감동을 이젠 어디서 맛볼 수 있을 것인가. 피
아노에서 흘러나오는 소리는 단연 악기중의 악기임을 아무도
부정하지는 못할 것이다. 딸은 뒤늦게 내 마음을 헤아린 듯 엄
마 마음 아프게 해서 자기 마음도 아프다며 훗날 조카가 피아
노를 치겠다면 그 땐 자기가 피아노를 꼭 사 줄 거라고 했다.
그 말을 듣자 너무 딸에게 부담을 주었다는 생각에 더 이상 내
색을 안 하기로 해본다. 그리고 팔려간 피아노를 잊기로 했다.
급변하는 시대, 디지털시대엔 디지털피아노가 더 어울리지 않
은가 하며.(2002. 9)

안 경

한. 소. 협 영주 세미나에 가던 날이다. 출발 버스가 서 있다는 마포역 4번 출구로 9시까지 나가야 하는데 그날따라 새벽기도를 길게 했던지 집에 오니 7시 30분이었다. 샤워야 밤에 했으니 안 한다 해도 요즘 파마를 세게 하여 말을 잘 듣지 않는 머리는 감아야겠고, 밥 먹고 화장을 하려면 30분 갖고는 시간이 없었다. 할 수 없이 모든 것을 생략하고 화장만 한 후 전 날 챙겨 놓은 짐 가방을 들고 집을 나섰다.

5호선인지 7호선인지 구분이 잘 안 가는 마포역을 찾아가야 한다는 부담스런 마음이어서 2호선 전철을 타자마자 노선 안내도 앞으로 갔다. 나는 전철역 안내판에서 목적지 마포를 찾았다. 그러나 마포라는 작은 글씨를 도무지 찾지 못하겠다. 평소에 쓰고 다니는 난시교정 안경으로는 전철노선 안내도에 쓰인 글씨를 볼 수 없음을 깨닫고 급히 가방 속에 넣어 둔 돋보기를 찾았다.

그런데 돋보기가 없다. 가방을 세운 채 가장 밑까지 샅샅이 뒤적여도 둥글둥글하게 잡혀야 할 안경집이 안 잡혔다. 옷가지와 세면 용구 등 잡다한 물건들이 가득 차 있는 가방 속을 수도 없이 휘저어보지만 돋보기를 넣어 둔 안경집은 끝내 안 만져졌다. 문득 안경을 잠시 꺼냈던 생각이 미치자 그제야 찾기를 그만 두었다. 온 몸에서 땀이 나고 속이 탔다.

할 수 없이 옆에 서 있는 키 큰 청년에게 마포 가려는데 어디서 환승해야 하는지 물었다. 스마트 폰에 열중해 있는 청년은 두 번이나 물어서야 나를 흘끗 바라보더니 고개를 들어 안내도를 보며 대림역에서 환승하라고 했다. 어쩐지 건성 보는 것 같아 확실하냐고 했더니 안내도를 한 번 더 보더니 확실하다고 했다.

나는 대림역에서 하차 하자마자 늦었다 싶어 마포방향이다 싶은 곳을 향해 인파를 따라 에스컬레이터를 타고 내려갔다. 승차하기 전에 나는 방향을 제대로 잡아 내려왔는지 한 번 더 옆 사람한테 물어봤다. 젊은 여자는 아니라고 했다. 그러면서 반내쪽인 것 같은데요 한다. 나는 가방을 들고 다시 에스컬레이터를 타고 반대쪽으로 달려갔다. 마침 전철이 막 지나 간 뒤여서 다음 열차를 기다려야했다.

기다리는 시간에 옆 사람에게 마포는 갈 때마다 몇 호선인지 헷갈린다고 말했다. 마치 자주 다니는 노선인 것처럼 말은 했지만 봄에 통영 갈 때 한 번 갔을 뿐이다. 그러자 옆에 서 있던 젊은 여자가 말했다. 마포 가려면 여기가 아닌데요 2호선을 타고 영등포구청까지 가서 5호선으로 갈아타고 여의도 쪽으로 가세요. 한다. 시간도 없는데 아차 싶었다.

몸속의 세포들이 모두 소리치며 나자빠지는 기분이었다. 주저앉고 싶은 것을 가까스로 추스르며 늦어서 못가면 할 수 없지 하고 포기하는 마음이 들 때에야 겨우 안정이 되는 기분이었다. 다행이도 집에서부터 서두른 탓에 일찍 나왔던지 그렇게 헤맸건만 시간을 크게 벗어나지 않아 버스는 떠나지 않고 있었다. 그렇지만 안경이 없다 생각하니 자신이 없어지고 무언가 소중한 것을 잃은 듯 상실감마저 들었다.

그 날 나는 세미나 시간에 돋보기 없는 눈으로 앉아서 귀로
만 듣느라 얼마나 답답했는지 모른다. 눈이 답답하니까 귀까지
답답하니 안 들리는 것 같았다. 그런데 숙소에 가서 짐을 풀고
있는데 옷가지 속에서 안경집이 툭 떨어졌다. 그러면 그렇지
내가 가방 속에 단단히 넣어 두었었지. 원망보다는 반가움에
비로소 답답하던 마음이 밝아지며 기분이 좋아졌다.

눈이 보배라는 말이 있다. 사과를 고를 때 흠 없고 큰 것을
먼저 찾는 눈, 싸요! 싸요! 하는 싸구려 시장에서 진짜를 찾아
낼 때 흔히 그런 말을 한다. 지난 오월에 울릉도에 갔다. 그
때 우리 일행은 더덕을 사려고 더덕장수 할머니 앞에 모여들었
는데 무더기무더기 놓인 더덕을 한 무더기씩 샀다. 그런데 봉
지에 담으면서 보니 중량이 똑같지 않았다. 내가 고른 것은 봉
지에 꽉 차서 눌러야 할 정도였는데 같이 산 다른 사람들 것은
봉지를 채울 정도였다. 일행들은 내 봉지 것이 많다며 더덕장
수 할머니한테 더 달라고 했다. 그러나 할머니는 개수가 똑같
다며 그것으로 계산을 끝냈다. 그 때 미끼로 놓았는지 유독 굵
은 알이 많은 것을 먼저 산 나를 일행들이 얼마나 부러워했는
지 모른다.

질량을 알아보는 눈, 색깔을 잘 구분하는 눈, 먼 곳까지 잘
보는 눈이라면 분명 좋은 눈이다. 나는 김제평야에서 태어나
넓은 들을 바라보며 살아서인지 40대 중반까지는 눈이 아주

좋은 편이었다. 만성 결막염으로 맑은 눈은 아니어도 시력 1.2 1.5로 사물을 보는데 불편을 느낀 적이 없다. 그래서 모범생처럼 안경을 하고 싶어도 안경을 쓸 수가 없는 것이 오히려 속상했던 때도 있었다. 그런데 어느 날부턴가 책을 내 손에서 멀리 놓고 보기 시작했다. 병원에 가니 노안증세라면서 돋보기를 쓰라고 한다. 과연 돋보기를 쓰니 글씨가 잘 보였다. 그 때부터 지금까지 나는 돋보기를 쓰고 있다. 아예 돋보기안경을 몇 개 더 맞춰 놓고 필요한 곳마다 비치해 놓고 쓴다. 눈은 그 뒤로도 계속 나빠져서 난시에다 건조증까지 겹치며 요즘엔 늘 안경을 쓰는 불편 속에 산다. 의사 선생님의 말에 의하면 평소에 눈을 아끼지 않아서 노안도 빨리 오고 난시가 온 것이라며 이제부터라도 눈을 잘 보호하라고 했다.

　비로소 눈의 중요성을 깨닫고 두 시간마다 안약을 넣어 주고 책을 읽거나 컴퓨터 할 때도 자주 눈 운동을 해주지만 이미 나빠진 눈은 예전의 눈으로 돌아가지는 못할 것 같다.

　작가가 되고자 꿈꾸던 시절 나는 글을 쓸 때 꼭 필요한 손과 눈이 장애가 되면 어쩌나 하는 엉뚱한 걱정을 한 때도 있다. 손이 없으면 글을 쓸 수가 없을 것이고 눈이 나쁘면 책도 못보고, 글도 못 쓸 것이 두려워서였다. 감사하게도 지금까지 내 손과 눈은 글을 쓰는데 지장이 없다. 오히려 멀쩡한 손과 눈을 가지고도 오랫동안 글을 못 쓴 것이 안타깝고 부끄러울 뿐이다. 이제는 노안이 되어 돋보기에 의지하는 처지이니 맘껏 컴퓨터 앞에 앉아있는 것도 무리다. 그래서인지 눈이 좋을 때 공부를 더 하지 못한 것이, 책을 더 많이 읽지 못한 것이, 글쓰기를 열심히 하지 않은 것이 안타깝기 그지없다.

　공부도 때가 있다는 말이 맞는다는 생각이 드는 것도 이 때문이다. 그러나 늦었다고 생각할 때가 가장 빠른 것이라는 말이 있듯, 이제라도 눈을 보호하고 아껴서 돋보기안경에 의지할지언정 기력을 다하는 날까지 글을 쓰고 볼 수 있기를 기도해 본다. 그래도 안경이 없던 시절에 대필을 하여 <천로역정>을 쓴 존 번연보다는 낫지 않은가 하면서.(2010. 10. 3)

음식 잘하는 사람 따로 있다

할 때마다 느끼는 것이지만 손님대접만큼 어려운 것이 없는 것 같다. 그까짓 거 뭐가 어렵냐고 할지 모르지만 평소 집안정리를 꼼꼼하게 하지 않는 나로선 손님맞이는 매번 해도 실수가 따르는 등 대사건이 되기 때문이다. 솜씨 없는 음식준비도 준비지만 편한 대로 급한 대로 살아온 어질러진 집안 정리를 한다거나 묵은 먼지를 털어내는 등 대청소를 해야 하는 것부터 시작해서 음식의 메뉴는 무엇으로 할 것인지 등 신경 써야 하는 것이 번거롭기 그지없다. 그래서인지 손님 대접하길 좋아하는 남편과 다투기도 많이 한다.

남편은 있는 그대로 맞이하고 대접하면 되지 무슨 걱정이냐며 내 의견을 묵살한 채 번번이 손님을 초대하거나 예고 없이 데리고 들어오길 잘한다. 그리고 정말 있는 것으로 편하게 대접을 한다. 국수나 수제비를 해 오라거나 된장국에 꽁보리밥을 자주 하게 했다. 그래서인지 사람들은 허심탄회하고 소탈한 게 부담 없어 좋다며 음식을 맛있게 들 뿐 아니라 다음에 또 오겠다고 약속까지 하고 돌아가곤 한다. 그때마다 나는 대접이 너무 소홀한 것 같아 몸 둘 바를 모르겠는데 남편은 손님들과 같이 지낸 시간이 너무 즐거운 듯 싱글벙글하며 "거봐 좋잖아. 손님대접은 이렇게 편하게 하는 거야." 하곤 했다.

그렇다. 손님대접은 남편의 말대로 부담주지 않고 편안하게 하는 게 최고인지도 모른다. 있는 그대로 보여주고, 평소에 집에서 잘 해먹는 음식으로 정성껏 대접한다면 그 가정의 사는 모습도 알 수 있고 생활상도 이해할 수 있어서 좋으리라 본다. 그러나 우리 남편만큼 상대방을 편하게 대하는 기술이 있는 사람이 아니고는 그것은 아니다. 만원을 쓰고도 천원의 효과도 못 보는 사람이 있으니까. 나는 실컷 대접하고도 칭찬을 못 듣는 그런 사람이다.

사람을 좋아하여 걸핏하면 손님을 데리고 오는 남편 탓에 있는 그대로 대접을 한 때문인지 우리 집에 와 본 지인이라면 날 음식 할 줄 모르는 사람으로 알고 있다. 소문이 그렇게 났다는 것이다. 난 그때마다 웃어넘기고 있지만 내심 남편을 원망했다. 그리고 언젠가는 내 음식솜씨를 보여주어야겠다고 생각하던 차에 기회가 왔다.

대심방 점심대접 차례가 우리 교구란다. 난 겁도 없이 우리 집에서 목사님 식사대접을 하겠다고 자청했다. 그리고 심방 삼일 전부터 집안 청소를 하고 김치나 밑반찬은 미리 만들어 두었다. 그리고 몇 가지 철칙을 세웠는데 '절대로 그릇이 넘치게 많이 담지 말자. 또 음식 만드는 사람이 많으면 정신이 없어 더 못하니 혼자서 차근차근히 하자. 같은 음식이라도 변형해서 내놓자.

그러나 천천히 차근차근히 혼자서가 날 죽였다. 예배는 열두 시에서 열두 시 반 사이에 드리기로 됐다. 그러나 열한 시 반이 되자 벌써 목사님 일행이 우리 집에 오신다는 전화가 왔다.

아침부터 움직였는데 이제 겨우 찌개를 앉히고 밥을 앉혔는데 갑자기 마음이 급해졌다. 아직 전 반죽도 안 됐고, 재워둔 고기 꼬치마리도 꿰지 못했는가 하면, 샐러드 과일도 썰어놓지 못하고 있었다.

연락해 준 전도사님께 좀 더 얘기하시며 예정한 시간에 맞춰 오시라고 당부를 했지만 이미 급해진 마음은 만들어야 할 음식의 순서를 챙겨가며 만들 수가 없었다. 부엌은 그릇으로 넘쳐 나고 공을 들여 만들려던 꼬치구이는 그냥 불고기가 됐다. 더 이야기하다 오라고 했건만 손님들이 들이닥쳤다.

손님들은 준비가 덜 된 것을 보고 돕겠다며 부엌으로 몰려드는 바람에 내가 생각한 음식상은 진즉에 강 건너 갔다. 정신을 차릴 수가 없다. 음식 만들기에 자신이 넘치는 권사님들이 재료와 양념을 찾으면 재료를 찾는 일로 허둥대느라 차려놓은 음식상조차 보지 못했다. 키위와 방울토마토로 모양 좋게 장식해 놓으려던 샐러드도 가장 상식적인 수준으로 내놓았고, 법성포에서 직접 배달된 조기구이는 너무 빨리 구워 놔 굳은 상태로 보기에도 맛없게 되었는가 하면, 오늘 요리의 하이라이트로 내 놓으려던 느타리 버섯전은 너무 갈려서 반죽이 묽어 모양새가 안 나왔다.

그 뿐인가. 주 메뉴인 대구탕은 너무 오래 끓여서 대구가 안 보일 만큼 부서져 버렸다. 설상가상으로 맛있으라고 압력솥에 한 밥은 제 때 불을 끄지 않아 누렇게 타 버렸다. 다행히도 전기밥솥에 앉힌 밥이 있어서 망정이지 손님대접도 못할 뻔했다.

역시 나는 아냐. 나는 스스로의 한계를 의식하며 자책했다. 그
럼에도 불구하고 고마운 것은 모두의 식욕이었다. 직장에 다니
는 구역 식구 중 한 사람이 늦게 와서 예배가 늦어진 때문이
다. 시장이 반찬이라고 다행히도 목사님을 비롯해서 모두가 시
장했던지 맛있다며 음식을 잘 잡수셨다. 태운 밥 탓에 양이 적
었겠지만 밥은 물론 대구탕과 불고기 그리고 버섯 전까지 왕성
한 식욕으로 드셨다. 위안이 되었다.

그러나 맘먹은 대로 되지 않았다는 생각에서인지 내 마음은
편치가 않다. 시간만 더 주어졌어도 내가 생각한 대로 한 상
잘 차렸을 텐데, 그랬으면 음식 못한다는 소문을 일시에 만회
하고도 남았을 텐데 아쉬웠다. 하지만 그것은 나 자신에 대한
변명일 뿐 다음에도 이런 상황이 주어진다면 지금과 다를 것
없으리라. 음식은 시간과도 관계가 있으니까.

짧은 시간에 간이 맞게 번쩍 해내는 음식이 맛있지 않던가.
음식을 잘하는 사람에게는 그 나름대로의 노력과 기술이 따로
있음을 인정해야겠다. 그래서 나는 결론짓게 된다. 음식 잘하
는 사람 따로 있다고.

물난리와 휴가

양쪽 일요일을 낀 7박 8일간의 휴가는 우리 가족을 며칠 전부터 들뜨게 만들었다. 예년과 달리 올 휴가는 모처럼 만에 아이들 방학과 맞아 떨어져 온 가족이 함께 즐길 수 있게 됐기 때문이다.

경찰관 생활 7년째, 그동안 우리 가족은 여름휴가를 한 번도 단란하게 보낸 적이 없다. 휴가가 있어도 생활이 항상 빽빽하니 바다로 산으로 놀러 다닌다는 것은 생각도 못했다. 그러나 아이들이 크고 캠핑이나 물놀이라는 단어를 익히기 시작하면서부터는 여름 내내 집안에서 수돗물 틀어 샤워시키는 정도로는 통하지가 않았다.

할 수 없이 아이들을 데리고 가까운 관악산이나 대공원으로 나가야 했다. 이럴 때 남편은 늘 빠진다. 방학도 하기 전에 휴가를 받거나 남들은 다 끝났는데 그제야 휴가라며 챙기니 부모님한테 다녀오는 것으로 끝내기 일쑤였다. 가족이 함께 즐길 수 있는 휴가를 맞추기란 하늘서 별 따기만큼이나 어려웠다. 할 수 없이 보채는 아이들 등쌀에 이웃 친지나 지인을 따라 바캉스를 다녀오곤 했는데 그 때마다 왜 그런지 남의 단란한 분위기를 깨는 불청객 같은 게 여간 눈치가 보이는 것이 아니었다. 내 돈 낼 것 다 내고 내 먹을 것 다 챙겨도 아빠 없는 바캉스는 눈치가 보이고 서러웠다.

그런데 올해는 이런 설움이 없어도 될 것 같았다. 운이 좋게도 한창 피크에 휴가가 잡힌 것이다. 우리 부부는 기대에 부풀어 피서지를 동해안으로 했다가 서해안으로 변경시켰다가 또다시 동해안으로 하는 식으로 끝없이 번복하면서 기대가 컸다. 그러나 장남인 때문에 부모님한테 안 갈 수가 없다며 다른 해나 마찬가지로 부모님이 계시는 충청도 시골집에 먼저 들렸다가 대둔산에 가기로 했다. 아이들이 해수욕장에 가기를 그토록 원했지만 끝내 시댁이니 모처럼의 가족 휴가는 시작부터 기분이 안 난다. 우리 세 식구는 한동안 토라졌지만, 부모님 살아 생전엔 효도하는 게 자주 찾아가는 것이 아닐까 하는 생각이 미치자 모처럼의 휴가를 즐겁게 보내기로 마음을 바꾸고 아이들을 달래어 출발하기로 했다.

떠나기 전 날 배낭과 침구 등을 다락 깊은 곳에서 꺼내어 먼지를 털었고 버너도 제대로 되는지 실험해 보는 등 가슴은 뺑뺑하게 차오르는 배낭만큼이나 부풀어 갔다. 아이들의 물놀이용 주브, 해수욕복, 물안경등도 빠짐없이 꾸렸다. 쌀과 일체의 양념은 시골집에 가서 챙기기로 했건만 남편의 배낭은 더 담을 수 없을 만큼 가득 차서 카메라나 휴지 등 비교적 자주 꺼내야 하는 가벼운 것들은 큰 아이의 배낭에 더 꾸려야 했다. 예매해 놓은 기차표도 몇 번이나 확인하곤 했다. 만반의 준비는 끝났다.

이제 이 밤만 자고 나면 우리는 피서지를 향해 서울을 떠나는 것이다. 아스팔트의 무더위와 온갖 공해로 찌든 잿빛 서울 하늘을 탈출하는 것이다. 아이들은 텐트 속에서 어서 자고 싶어

밤이 빨리 와서 지나갔으면 좋겠다고 했다.

그러나 우리 가족의 부푼 가슴도 잠시, 충남 서천 일대를 할퀸 태풍이 몰고 온 수마가 아직도 기세를 꺾지 않고 북상하여 중부지방 및 서울을 강타하기 시작한 때문이다. TV의 호우주의보에서는 침수예상지역은 대피 준비하시기 바란다고까지 했다. 순식간에 맥이 빠지는 것 같았다. 더구나 우리는 상습침수지역이라는 신정동에서 살고 있지 않은가.

이제 우리가 꾸려 놓은 배낭은 피난민 짐이 되어야 한단 말인가? 한심하기 짝이 없었다. 비는 장대비로 억수같이 퍼붓는데, 금방이라도 뚝방동네 불량주택들을 납작하게 가라앉힐 것만 같았다. 도저히 잠을 잘 수가 없었다. 우리는 TV를 계속 틀어 놓은 채 전국의 수해지역의 상황을 지켜보았다.

춘천댐 ○○댐 ○○댐 등 댐마다 수문을 활짝 열어 놓고 있는 모습은 무섭기도 했다. 아이들은 비가 와서 휴가 못 가느냐고 보채기 시작했다.

"얘들은! 우리 집이 물난리가 날지도 모르는데 무슨 휴가니? 너희들은 어서 잠이나 자! 내일 못 가면 모레라도 갈 테니까."

가까스로 아이들을 달래서 재운 우리 부부는 설마 신시가지가 들어선 우리 동네에 물이 찰까 보냐고 한편 위로를 삼았지만 계속되는 호우주의보에 끝내 잠을 잘 수가 없었다. 자정이 넘자 TV도 끝났다. 남편은 잠자지 말고 마당에 물이 차는지 지켜보라며 자기는 그대로 잠들어 버린다. 난 잠 안 자는 부엉인가! 뾰루퉁했지만 좍좍 퍼부어 대는 빗소리에 자라고 해도 잘 수가 없었다. 난 5분마다 문을 열어 보다가 나중엔 1분마다 문을 열었다 닫았다 했다. 장대비는 계속해서 내리더니 생각보다 빨리 물이 차기 시작했다. 창밖 보도블록이 안 보인다 싶더니 골목은 개천이 되었다. 우리 집보다 낮은 길 건너 집에선 마당으로 넘쳐 들어오는 물을 퍼내느라 시끄러워졌다.

나는 83년도 수해 때 물이 차올랐다는 위치를 가늠해 가며 방 안의 자질구레한 짐을 다락으로 올리기 시작했다. 마음이 다급해졌다. 골목의 물이 우리 마당으로 왕창 밀어닥칠 것만 같아 다리가 후들거렸다. 그런데 왜 아무런 소식이 없을까? TV도 안 들어오니 답답해서 견딜 수가 없다. 앞집에서는 더 이상 물을 막을 수 없다고 판단했는지 바닥을 긁어대던 양은그릇 소리가 멎은 지도 오래 됐다.

집집마다 술렁술렁 시끄러워지기 시작했다. 시장 쪽은 벌써 방에 물이 들어오기 시작한다는 것이다. 그제야 통장은 확성기에다 대고 주민들을 향해 대피하라고 떠들기 시작했다. 노약자와 어린이를 먼저 대피시키라는 말도 빼놓지 않았다. 우리는 휴가 떠나려던 배낭을 모두 메고 인근 학교로 가야 했다.

"형부가 휴가를 떠난다니 비가 안 오겠어요? 잘됐네요. 여기서 버너 켜고 밥해 먹읍시다." 우리보다 먼저 피난 나와 있던 동생은 깔깔대며 웃는다. 수재민으로 가득 찬 학교 교실 한 귀퉁이에 배낭을 내리면서 우리도 웃지 않을 수 없었다. 하하하 호호호 (1987. 8).

태봉재의 추억

벌써 삼십 년 전 이야기다. 일본은 자동차 대중화가 시작된 지 20년이라며 우리나라도 자동차 대중화 시대를 준비해야 한다는 말이 매스컴을 통해 연일 들리고, 걸어서 심방하던 목사님한테 자동차를 사드려야 한다는 목소리가 설득력 있게 들리던 시절, 특권층이 아니어도 조금 산다 하는 집이면 자동차를 사는 게 냉장고를 사는 것만큼이나 자연스럽게 느껴지기 시작하던 때였다.

그러나 아무리 자동차 대중화 물결이 시작된다 해도 단칸방에서 세를 사는 보통 사람들에겐 먼 나라 이야기로만 들리던 때였는데 어느 날 남편은 난데없이 중고차 한 대를 끌고 왔다. 1종 운전면허증을 따던 날로부터 자동차를 갖고 싶어 안달하더니 기어이 일을 저지른 것이다. 얼마 주었냐고 하니까 35만 원에 샀다고 했다. 150만 원짜리 전세에 살면서 35만원하는 중고차를 산 남편이 어이없지만 이미 사버린 자동차를 되 물릴 수도 없으니 부자도 아니면서 부자인척 차를 굴려야 했다. 아직 자동차가 흔하지 않은 때여서인지 고물 차라도 자동차를 타고 다니니 무척 편하고 좋았다.

그런데 자동차는 겉보기만큼이나 속도 안 좋았는지 한번은 달리다가 광화문 앞에서 서버리는 등 아찔한 순간을 당하기도 했다. 이럴 때마다 나와 남편은 차를 팔자고 하면서도 얼른 팔지 못한 채 겨울을 맞았다. 겨울철 빙판길 그것도 비탈에서의

빙판길은 새 차도 체인 없이는 위험하건만 우리의 낡은 자동차
가 겁도 없이 달렸으니…… 지금도 그 생각을 하면 아찔하다.
그래서 우리 가족은 모두가 두 번 사는 거나 다름없다고 그 날
을 생각하며 겸허해지려고 노력하게 된다.

　신정 연휴를 고향에서 보내고 싶은 남편은 첫 새벽부터 온
가족을 깨워서 차가운 새벽길을 출발했다. 고향 집에 가서 아
침을 먹자는 계산에서다. 사고가 잦은 차인 만큼 전날 정비를
완벽하게 해 왔지만 그래도 조심조심 새벽길을 달려갔다. 일찍
출발한 덕에 막히지 않아서 대전을 지나서야 해가 떠올랐다.
그러나 사고는 해가 뜨는 시간 저편에서 기다릴 줄이야!
　대전에서 금산을 넘어가려면 지금은 새 도로가 나서 지나지
않지만 그 때는 태봉재라는 높은 고개를 넘어야 했다. 하얗게
눈이 덮인 태봉재 오르막길은 따사롭게 내리쬐는 아침 햇볕에
자르르 물기를 흘리며 녹아내리고 있었다. 그러나 반대편은 빙
판일 줄이야. 재를 넘어 몇 미터나 달렸을까. 갑자기 자동차가
쏜살같이 미끄러지기 시작했다.
　남편은 꼭 잡아!를 다급하게 외쳤고, 나는 아앗! 비명이 절
로 터졌다. 유치원에서 배운 노래를 신나게 부르던 아이들도
위험을 직감하고 내게 달라붙으며 울기 시작했다. 나는 괜찮
아! 라고 말했지만 속수무책으로 미끄러지는 속력에 죽음을 예
감했다. 아! 이렇게 사람은 죽는구나. 단 몇 초 만에 우리가
탄 차는 어딘가에 꽝 하고 부딪히며 멎었다. 눈을 떠보니 남편
이 해쓱한 얼굴로 어디 안 다쳤어? 하고 물었다. 다행히도 나
와 아이들은 물론 앞자리의 남편까지 무사했다.

그러나 자동차는 형편없이 망가져 있었다. 앞 범퍼는 물론 바퀴 하나가 빠져 버렸고, 전조등 하나가 깨져 있다. 물론 한쪽 편 백미러도 떨어져버렸다. 차는 왼쪽의 낭떠러지를 피하고자 필사적으로 핸들을 꺾어서 언덕에 부딪히며 멈췄던 것이다. 그런데 더 다행인 것은 가변 도로에 세워 둔 이정표를 받고 그 다음 언덕에 부딪혀서 목숨을 잃을 뻔한 충격을 피할 수 있었다. 남편은 온 가족이 살아 있는 것만이 감사하다며 추운 줄도 모르고 겉옷을 벗어던진 채 지나가는 트럭을 세워서 바퀴 갈아 끼는 법을 물어 스페어 바퀴를 갈아 끼고 한 가마는 족히 될 성 부른 자동차 밑의 모래를 긁어냈다.

바퀴를 갈아 끼고 시동을 걸어 보니 애꾸눈이 고물차가 움직였다. 우리는 환호하며 한쪽 눈도 없고 귀도 없는 차를 조심조심 움직여서 금산까지 무사히 갔다. 거기서 일단 떨어져 나간 백미러를 달고 미후라도 고치고 해서 고향 집에 도착했을 때는 캄캄한 저녁이었다.

하룻밤을 자고 서울로 돌아오는데 보는 사람마다 우리의 찌그러진 차를 보고 손가락질을 하며 웃었다. 그때마다 남편은 내 손을 잡으며 살아줘서 고맙다고 했다. 그리고 덧붙이길 가족이 소중한 걸 처음 알았다는 말도 했다. 빈 말이라도 마음속 말을 하는 법이 없는 남편인데 처음 들어본 따뜻한 말이어서 얼마나 감동했는지 지금도 잊지 못한다. 서울에 도착하자마자 우리는 고물차를 처분해 버렸다.

나중에 안 이야기지만 우리 차는 중앙선을 넘나들며 언덕에 부딪힌 만큼 대형사고 감이었다고 한다. 십 미터 앞에서 마주 오던 트럭을 피해 우리가 먼저 언덕에 부딪히는 바람에 대형사고를 면했던 것이다. 이 얼마나 아찔한 순간인가. 지금도 차 사고의 현장을 보면 그때의 사고가 생각난다. 그리고 지금 온 가족이 건강하게 살고 있음을 보며 생명의 주인이신 하나님께 감사한다.

산삼

　십여 년 전 여름이다. 봄부터 편찮으시다는 시아버지 소식을 듣고도 형편이 되지 않아 차일피일 미루다가 여름도 막바지에 이르러서야 시댁엘 갔다. 시골의 여름은 외딴집처럼 조용했다. 헛간에 매놓은 개도 하루 종일 짖을 일이 없자 낮잠에서 깨어날 줄 몰랐고, 대문은 무방비 상태로 열려 있건만 드나드는 사람은커녕 지나가는 사람도 보기 힘들었다. 텅 빈 것 같은 동네로 하루 한 번 오는 집배원의 자전거 소리는 그래도 이 동네가 죽은 동네가 아니라는 것을 나타내는 것 같았다. 젊은이는 도회지로 빠져나가고, 노인들은 들일을 나갔기 때문이다.

　처음 아이들은 할아버지 집에 왔다고 앞뒤로 뛰어 다니며 새로운 것마다 만지고 두들기며 신나게 놀더니, 더위와 적막감 때문인지 금방 지쳐, 울며 보채기 시작했다. 이럴 때 아이들은 으레 먹을 것을 찾았다. 그러나 집에는 먹을 만한 것이 없었다. 벽장 속에 시효 지난 비스킷이 있었지만 포장지도 뜯지 않은 것이어서 허락도 없이 꺼내 줄 수가 없었다.
　나는 시아버지한테 벌써 몇 번이나 아이들 교육을 지적받은 바 있지 않은가. 시아버지는 손자를 무척이나 아끼고 사랑하지만 버릇 나쁜 것은 안 가르쳐서 그렇다고 누누이 말하곤 했었다. 우는 아이들을 내버려 둔 채 저녁을 할 수밖에 없었다. 그런데 아이들이 조용해졌다. 마룻장 소리가 통통 나는 걸 보니 새로운 놀이를 발견한 것 같았다. 다행이다 싶었다. 그런데 잠시 후 쪽문 앞에 나타난 아이 손에는 덜 마른 인삼뿌리가 이빨에 물어뜯긴 채 쥐어져 있었다. 작은아이도 부러진 인삼을 빨며 아장거리고 다닌다. 깜짝 놀라 아이에게 어디서 났냐고 물었다. 아이는 태연스럽게 빨래 줄을 가리킨다. 그러고 보니 조금 전까지만 해도 대롱거리던 인삼이 없다. 빗자루와 방망이가 어질러져 있는 것으로 보아 아이는 빨래 줄을 빗자루로 흔들어 떨어뜨린 모양이다.

나는 인삼을 빼앗았다. 인삼을 빼앗긴 아이들은 앙앙 울기 시작했다. 다시 안 주면 절대로 울음을 그칠 것 같지 않은 기세로 울었다. 할 수 없이 인삼을 도로 아이들에게 주었다. 이미 부러지고 뜯겨진 인삼인지라 다시 빨랫줄에 원상 복귀시킬 수도 없기 때문이다. 그런데 조금 후에 들어오신 시아버지께서 그렇게 노하실 줄이야. 인삼 고장인 금산에서 흔히 볼 수 있는 것이 인삼인지라 예사 인삼으로만 알았는데 아이들이 빨고 부러뜨린 것이 산삼이라지 않는가. 난 시아버지의 노여움 앞에 멍청하게 굳어 버렸다. 무어라고 죄송함을 표할 수도 없었다.

시아버지는 시어머니한테까지 화가 나 있었다. 이야기인즉 우리가 오기 전에 시아버지가 캐다 놓은 산삼을 시어머니가 깎아 버렸기 때문이다. 시어머니도 예사 인삼으로 알았던 모양이다.

그 날 시아버지는 부러지고 이지러진 산삼조각을 아깝다며, 마당으로 던져진 것까지 찾아 잡수셨다. 저녁 식탁에서 시아버지는 좀 전의 격노하심을 후회했는지 "너야, 그게 산삼인지 인삼인지 분간할 수 있었겠냐. 내가 허술히 놓은 것이 잘못이지"
하신다. 그리고는 산삼을 얻은 내력을 말씀하셨다.

시아버지는 4년 전에 뒷산에 올라갔다가 산삼을 발견했단다.
그러나 아직 어린 때문에 삼년을 더 지켜 오다가 더 이상 지킬
수 없을 만큼 커버려서 캐왔다는 것이다. 시아버지께서 말씀하
는 동안 시어머니는 죄송한 듯 침묵을 지키다가는 가끔씩 쿡쿡
웃으셨는데 나도 왠지 속절없는 웃음이 나왔다. 죽은 사람도
구한다는 신비의 영약 산삼을 몰라보고 함부로 다루었다니. 이
래서 산삼은 아무한테나 보이지 않나 보다.

어쨌든 식구들의 본의 아닌 실수 덕에 시아버지께선 영약인
신심을 당신이 모두 삽수실 수 있었다. 그래서인지 그 해 돌아
가실 거라고 약한 소리만 하시던 시아버지는 지금까지도 건재
하시다.

가을이면 객지 사는 자식들을 위해 메주를 열여섯 동이나 쑤
고, 삼복더위에도 자식 집에 올 때면 마늘 봇짐을 무겁게 챙기
신다. 이제는 자식들도 살 만큼 사니까 안 가져와도 서울서 사
먹을 수 있다고 만류하면, "내년부턴 나도 못하겠다."고 늙음을
한탄하지만 때가 되면 자식한테 보낼 메주 등을 어김없이 보내
온다. 올해도 시아버지는 마늘을 네 접이나 메고 오셨다. 그리
고 밥 한 그릇에 국 한 그릇을 거뜬히 잡수셨다.

삼년 전 돌아가실 거라고 하던 시아버지께서 건강히 활동하
시는 걸 볼 때마다 그 때의 산삼이 생각난다. 그리고 그 때 잡
수신 산삼 덕에 아버님이 건강해지신 것이라고 믿어 본다.

(1984. 여름)

딸의 마중

날씨는 흐렸지만 그렇게 쉬이 비가 올까 싶은 마음으로 우산
도 없이 시내에 볼 일을 보러 갔다. 그런데 버스를 타자마자
빗줄기가 보이더니 금방 길바닥은 잘박거리고 행인들은 비를
피하느라 건물 밑으로 붙어서는 등 거리는 금방 혼란스러워졌
다. 우산을 안 가져온 것을 후회하면서 곧 비가 그치겠지 하며
목적지까지 갔으나 비는 여름 장마마냥 기세를 더해 갈 뿐 그
칠 기미를 보이지 않았다. 할 수 없이 비를 맞으며 상가에 뛰
어 들어가 쇼핑을 했다.

쇼핑을 마치고 돌아오려니 우산을 사야 할지 망설여졌다. 집
에는 우산 3개가 있다. 우리 식구가 4명이니까 1개가 모자라
는 셈이다. 우산을 사두면 여름을 대비하여 두고두고 긴하게
쓸 것이다. 난 쇼핑을 끝내고 남은 돈을 계산해 보고 우산가게
로 갔다. 다행히 우산 값은 되었다. 장바구니에 우산을 담았
다. 그러나 계산대 앞에 갔을 때 생각을 다시 해 본다. 이 달
은 적자인 때문에 꼭 필요한 것도 미룰 수 있는 데까지 미루고
삼가야 한다는 생각에 우산을 안 사기로 했다.

구매품목을 메모해 왔지만 우산이 아니라도 이천 원이나 초
과하지 않았는가. 과일값이 비싸서 자주 못 사주었는데 오늘만
은 싱싱한 참외라도 사 가려면 남은 돈을 우산 값으로 지출해
서는 안 될 것 같았다. 우산 없이 집에 갈 일이 걱정이지만 과
일값을 남겨 가지고 쇼핑센터를 나왔다. 빗줄기는 한여름의 소

나기처럼 좍좍 쏟아지고 있었다. 비가 그치기를 기다리느라 건물 밑마다 사람들로 가득 차 있었다. 그러나 퇴근시간인지라 남편보다 먼저 집에 들어가야 할 것 같아 빗속을 뚫고 달려가 차를 탔다. 금방 머리며 옷이 흠뻑 젖었지만 바로 버스를 탔다. 대부분의 사람들도 갑자기 만난 비 때문에 우산이 없어 나처럼 비를 맞으며 버스를 탔다. 버스를 타고 가면서 나는 내내 창밖만 바라보았다. 빗줄기가 좀 그쳐주기를 바라는 마음으로.

그러나 영등포를 지나 당산로를 달리는 동안에도 빗줄기는 어찌나 세찬지 도로에서 튈 정도였다. 버스에서 내리고도 5분 이상 걸어야 하는데 저 비를 맞고 걸어갈 일이 걱정이었다. 양손에 쇼핑한 물건을 들고서 말이다.

오목교를 지나고 집 근처 정류장에 차가 멈췄을 땐 빗줄기가 훨씬 가늘어져 있었다. 참 다행이다 싶었다. 나는 버스에서 내리자마자 뛰었다. 이 때 "엄마!" 하는 소리가 났다. 돌아보니 딸이 우산 두 개를 들고 나와서 나를 기다리고 있었다.

"너 엄마가 언제 올 줄 알고 여기까지 우산을 들고 나왔니?" 너무 반가웠다.

"엄마가 비 맞고 올 것 같아서 아까 아까부터 우산 갖고 나왔는데 아무리 기다려도 엄마가 안 와서 집에 들어갔다가 아무래도 엄마가 비 맞고 올 것 같아서 또 나왔어."

딸은 엄마를 만난 게 무척 기분 좋은 듯 큰 소리로 떠들어댔다. 그리고 덧붙이길 하나님한테 '우리 엄마 비 맞으면 책임져요.' 하고 기도까지 했다고 한다. 딸이 무척 고마웠다. 아침마다 깨워야만 겨우 일어나 학교 가고 밥 안 먹는다고 밥상머리에서 거의 매일 혼나고, 시험을 보면 백점만점을 맞아 본 일이 없지만 그 때 그 때 재치 있는 착한 행동과 마음씨로 우리 집의 귀여움을 한 몸에 다 받는 딸이다.

오늘도 엄마를 마중함으로 또 한 번 착한 행동을 보여준 딸이 기특하기만 하다. 우산을 살 뻔했던 돈으로 맛있게 생긴 노란 참외를 동네 앞 시장에서 샀다.

비는 다시금 좍좍 쏟아지기 시작했다. 그러나 딸이 가져다 준 우산 덕분에 집까지 무사히 올 수 있었다. 딸은 내가 들고 있는 무거운 쇼핑봉지를 고사리 같은 손으로 거들어 주겠다며 함께 들었다. 딸의 마중을 통하여 딸 가진 엄마로써 행복을 느껴 본 날이다.

잃어버린 벼루

새벽기도를 마치고 돌아오는데 집 앞 쓰레기장에 김이 비닐 봉지에 담겨 있었다. 덩치로 보나 묶음으로 볼 때 얼핏 서너 톳쯤 되어 보였다. 그러나 아직 어두운 새벽녘인지라 김의 질 상태를 자세히 볼 수도 없고 또 추워서 더 살피지 않고 집안으로 들어와 버렸다. 쓰레기장에 버려진 것이니 못 먹는 거겠지 먹을 것을 버렸을까 보냐 싶기도 해서였다. 그런데 날이 밝은 후에 보니 말짱한 고급 돌김이었다. 백장씩 묶은 것 세 뭉치로 정확히 세 톳이었다. 그러나 밀봉이 뜯긴 채 쓰레기봉투에 던져져 있으니 혀를 끌끌 차는 것으로 그쳐야 했다.

우리 원룸에서 쌀이나 콩, 고추장, 된장 등 음식물이 쓰레기통에 버려지는 것은 어제 오늘 일이 아니다. 세숫비누나 세제는 물론 이불과 옷가지 등을 마구 버리고 가는 일도 많다. 때로는 고가인 전자제품이나 침대도 그대로 두고 간다. 몇 달 쓰기 위해 구해서 갈 때는 버리고 가는 것이다. 또 음식물도 숱하게 버려진다.

지방에서 공부하는 자식의 건강을 위해 비싼 보약이나 영양이 듬뿍 든 미숫가루를 잔뜩 보내오지만 그것을 반도 못 먹고 버리는 것이 태반이다. 한 보따리나 되는 포도 엑기스나 한약 엑기스를 볼 때면 너무 아깝다 못해 가슴이 아프다. 집에서는 비싼 돈을 들여 만들어 보냈을 텐데 그것을 정성껏 먹지 않고,

이렇게 버리다니 보약을 보낸 부모를 탓해야 할지, 안 먹고 버린 자식을 나무래야 할지 아까운 마음 금할 길이 없다.

　명절이나 되어야 과일과 고기를 먹던 가난했던 시절이 불과 삼십여 년 전이건만 언제부터 우리가 잘 산다고 낭비를 하는지 모르겠다. 이미 오래 전부터 각 초등학교나 지하철역에 비치한 잃어버린 물건 함에는 주인을 기다리는 물건이 넘쳐난다고 한다. 물건을 잃어버려도 찾으려고 노력하지 않고, 부모가 다시 사주기 때문이다.

　초등학교 때 벼루를 잃어버리고 몇 날 며칠을 부모님이 알까봐 고심했던 생각이 난다. 우리 집에는 우리 반 애들이 가지고 다니는 얇고 작은 벼루보다 크고 두툼하고 재질이 고급스런 벼루가 하나 있었다. 나는 붓글씨 시간이 있는 날이면 어머니의 만류에도 불구하고 이 무거운 벼루를 가지고 학교에 갔다. 그런데 어느 날 그 벼루를 잃어버린 것이다. 분명히 책상 깊숙이 넣어 두었는데 없어졌다. 나는 그 벼루 때문이 여간 고민이 되지 않았다.
　어머니가 이 벼루가 안 보인다고 자꾸 물어보시는 것도 아니건만 나 스스로 이 벼루를 귀중히 여겼기 때문이다. 나는 벼루를 찾고자 다른 애들보다 일찍 학교에 가서 책상마다 들여다보고 다녔는가 하면 옆 교실까지도 샅샅이 살펴보았다. 그러나 한 번 잃어버린 벼루는 다시 보이지 않았다.
　그러던 어느 날 선생님의 책상에 놓인 벼루 중 하나가 크기며 두께가 비슷한 것이 영락없는 잃어버린 내 벼루였다. 하지

만 유난히 선생님을 어려워했던 터라 선생님한테 가서 내 벼루
라고 달라고 할 수가 없어 고민하다가 또래 친구한테 고민을
털어놓았다.

그러자 친구 중에 한 애가 자기가 선생님이 안 계실 때 갖다
주겠다고 했다. 그리고 진짜로 방과 후에 아무도 없는 교실로
들어가 선생님의 책상에 놓인 벼루를 가지고 나왔다. 그런데
아뿔싸! 그것은 내 것이 아니었다. 친구는 내 것이 아닌 다른
것을 갖고 나온 것이다. 하지만 나는 그 벼루를 다시 선생님의
책상에 갖다 놓을 용기가 없었다.

결국 뒤바뀐 벼루를 집으로 가져왔고 눈썰미가 없는 어머니
를 속여 넘겼다. 지금 생각하니 참으로 어이없는 일이다. 하지
만 그 시절엔 모든 것이 귀하고, 사기 힘든 때인지라 잃어버린
다는 것은 내 살을 베인 것처럼 마음이 아팠다. 몽당연필 하
나를 잃어버려도 온 방을 뒤져서 찾을 정도였으니까.

요즘 아이들에게 그 때의 이야기를 하면 웃을 것 같다. 몽당
연필이 되도록 연필을 아끼지는 않을지라도 반도 안 쓴 색연필
을 타스로 버리는 낭비만은 없도록 해야겠다. IMF로 경제가
꽁꽁 얼어붙었을 때 소비가 미덕이라는 말을 많이 했는데 이
말도 좀 더 잘 살 때까지 자제하는 것이 좋지 않을까 생각해본
다. 부족함 모르고 자란 요즘 세대들에게 우선 가르칠 것은 소
비의 미덕보다 물자절약이 아닌가 싶어서다.

조카의 꿈

군산에 사는 조카가 왔다. 방학도 하고 구정도 쇨 겸 서울 시댁에 왔다가 잠시 짬을 내어 들른 것이다. 무척 반가웠다. 얼마 만인가? 삼사 년 전인가, 조카의 남동생 결혼 때 만난 적은 있으나 부산스런 예식장이어서 이야기도 제대로 못하고 헤어졌는데 이렇게 찾아주니 고맙기만 했다.

조카는 예전이나 다름없이 수수한 옷차림에 털털했다. 얼굴도 고생한 흔적이 남아 꺼칠하니 화색도 없다. 그러나 표정만은 명랑하고 밝았다. 서울 올 때마다 이모네 집이 오고 싶었지만 사는 것이 너무 비참해서 참았다며 살아온 이야기를 하는데 나보다도 십 년은 더 산 사람 같았다. 제 말로는 나이는 삼십 대지만 마음은 팔십 늙은이라고 할 정도였다. 하지만 이제는 고생도 끝나고 안정을 찾았다며 하나님의 도우심에 감사했다.

조카는 고등학교 교사다. 어머니가 돌아가신 뒤로 하루아침에 가장이자 어머니가 되어 무능한 아버지를 도우며 동생들을 가르치느라 옷 한 번 사 입은 적이 없고, 먹고 싶은 것 하나 사 먹은 적이 없다고 한다. 사는 것이 너무 힘들어 '시집이나 가자'고 갔지만 남편은 장가들던 해부터 실직을 하여 오히려 군식구 하나만 더 늘고, 용돈 줄 사람만 더 는 게 왜 살아야 하는지를 모르겠더란다.

몇 번이나 이혼을 하려 했지만 아들 때문에 견디었다며 자식이 뭔지 참은 것이 오늘의 안정을 찾게 되었다며 하나님께 감사했다.

제대로 가정을 건사하지도 못하고 딸만 의지하던 아버지는 얼마 전 새 여자를 만나 부산으로 내려갔고 장인과 갈등하며 방에만 있던 남편은 직장을 구했단다. 늘 걱정이던 막냇동생도 자동차 회사에 취직이 되었단다. 이 모든 것이 단기간에 이루어진 것을 생각하면 참 신기하다는 것이다. 이제 남은 것은 여동생 시집보내는 것이라며 이모가 중매 좀 해달라고 한다.

조키기 찌든 얼굴임에도 표정이 밝을 수 있었던 또 하나의 이유는 대학원 진학의 꿈을 갖게 된 때문이었다. 남편은 물론 시부모님까지도 대학원에 가라고 협조적이라고 했다. 아이들은 시부모님이 키워 준다며 나이 더 먹기 전에 공부하라고 적극 밀어 주신다고 했단다. 조카가 대학 가던 때가 생각났다. 조그만 구멍가게 하나로 할아버지, 시동생까지 빌붙어 사는 언니네는 가난이 극치에 달해 있었다. 그런데도 언니는 딸을 대학에 보냈다. 여상을 나와 제약회사에 취직이 되었건만 가난한 어머니를 돕지 않고 대학에 가겠다는 조카를 막지 않았다.

그때 나의 친정아버지는 고생하는 딸을 생각해서인지 공부시켜야 아무짝에도 쓸모없다며 당신의 딸과 외손녀를 혼냈다고 한다. 조카도 그 기억을 하고 있었다. 할아버지는 너무 야단친 것이 후회되었던지 입학식 날 운동화를 사오셨다며 무서우나 정이 깊었던 외할아버지가 지금도 그립다고 했다.

조카의 진정한 꿈은 대학원에 가서 석박사가 되는 것이 아니었다. 두 아들에게 절대로 가난을 물려주지 않는 것이라고 했다. 가난 때문에 젊은 시절 낭만이 뭔지도 모른 채 지나간 것이 억울해서라도 돈을 버는 것이란다. 적어도 자식들이 부모 때문에 고생한다는 말은 듣지 않도록 말이다. 언니의 꿈이 생각났다. 언니의 꿈은 가난해도 자식을 대학까지 가르치는 것이었다. 그래서인지 언니는 빚에 쪼들리면서도 큰딸을 대학에 보내 교사를 만들었다.

언니가 돌아가신 후 조카는 가족의 생계를 책임지는 가장이 되었다. 조카를 가르치지 않았으면 동생들을 누가 가르칠 수 있었을까? 언니는 당신이 먼저 갈 것을 예견하고 딸을 가르치진 않았겠지만 결과는 당신이 하던 일의 배턴을 넘겨준 것이 되고 말았다.

조카는 엄마에 대한 애증으로 한때는 괴로웠다고 한다. "엄마, 이제 속 시원해요. 날 이렇게 고생시키니 시원해요!" 하고 먼저 가신 엄마 사진 앞에서 울기도 많이 했단다. 그러나 세월은 흘러 조카는 힘든 고비를 넘긴 것 같다.

한 자식도 못 가르치는 부모도 있는데 여동생을 대학까지 가르치고, 두 남동생은 고등학교까지 가르쳐 장가보내고 취직시켰으니 이 어찌 장하지 않은가. 조카의 앞길이 형통하길 빌어본다. 아니 그렇게 될 것임을 예감해본다. 데리고 온 다섯 살, 세 살짜리 아들이 어찌나 똑똑하고 잘 생겼는지 그것만 봐도 알 것 같다. 녀석들이 행동하는 것이며 말하는 것이 침착하고 의젓한 것이 어딜 가나 귀염 받고 사랑 받을 것 같다. 자식을 보며 조카가 많이 위로받을 것 같았다. 조카의 앞길에 행운이 있기만을 빌어 본다.(2000. 8)

시골버스 (1)

경노우대증이 발급된 지도 꽤나 오래된 것 같다. 우대증 덕분에 서울 자식네 오기가 수월하다고 하던 친정아버지가 고인이 된 지도 오 년이 되었으니까.

친정에 가게 되면 그 곳에 머무르는 동안 친척을 방문하느라 하루에 두어 번 씩은 버스를 탄다. 그 때마다 느끼는 것은 시골은 노인 세상이라는 실감이다. 정오가 가까운 시각의 버스정류장에 나와 있는 손님들 중 삼분의 이는 노인들이다. 그들은 손에 손에 경노우대증을 들고 승차 했다. 차장총각은 그 때마다 호호백발 할머니까지도 경노우대증을 확인하곤 했는데 옆에서 보기에도 너무한다 싶었다. 그러나 버스 편에서 보면 그렇게 하지 않으면 운영이 안 될 처지라서, 시골노인들의 극성도 어지간한 모양이다.

경노우대증이 발급된 뒤로 시골에서는 노인의 출입이 빈번하게 되었다고 한다. 일손이 바쁜 젊은이 대신 시장 보기나 심부름을 노인들이 해주기 때문이다. 그런 면에서 찻삯이 들지 않는 노인들이 하루건너 도회지물을 먹는 즐거움 속에 사는 것 같았다. 어떤 노인은 하루에도 서너 번씩 버스를 타고 읍내로 시내로 휘돌며 손자의 편지까지 붙인다고 했다. 그 뿐인가. 순진한 시골 아주머니들은 아직 경노우대증이 안 나왔건만 그것도 공짜라고 웃어른 것을 빌려 도용하는 경우까지 생겼으니 말이다. 어느 조간신문의 독자논단에 시골버스가 노인들만 있으면 멈추지 않는다고 비난한 글을 읽고 한탄한 일이 있었는데 알고 보니 그럴 수도 있겠다 싶다.

의자마다 점령하고 앉은 노인들은 한결 같이 버스를 탔다는 보람으로 당당하고 즐거운 표정들이었다. 무기력하니 초라한 서울 노인의 창백한 모습만 보다 시골노인을 보니 내 노후는 시골에서 살아야겠다는 생각이 들 정도였다.

어쨌거나 시골 노인에게 있어서 경노우대증제도가 생긴 것은 고마운 현상인 것 같다. 일손도 부족한 시골에서 공짜로 교통을 이용하며 자칫 소외될 뻔한 노인들에게 활기찬 노후를 살 수 있게 해 준 때문이다. 노인은 대부분 주권이 없다. 주머니 돈 몇 푼이 아까워 먹을 것도 안 먹으며 살아온 세대인 만큼 찻삯을 내며 버스를 타는 일이 쉽지만은 않았으리라. 서울 자식이 보고 싶고 궁금해도 추수 때까지 기다리던 친정아버지가 아니었던가. 그런데 노인복지정책으로 경노우대증이 나오자 아버지는 계절마다 서울출입을 하셨다.

기찻삯 반이면 자식을 찾아볼 수 있기 때문이란다. 동네를 지날 때마다 올라탄 노인들은 낯설지 않은 듯 쉽게 이야기를 한다. 서울 아들네 집 간다느니, 광주 딸네 집 간다느니 하며 금방 한 동네 사람처럼 얘기꽃이 무르익는다. 달리던 버스가 외딴집 앞에서 한 노인을 태웠다. 차장은 그냥 달리자고 짓궂게 소리쳤지만, 사람 좋아 뵈는 운전수가 차를 세운 것이다. 차안의 노인들은 그냥 달리자는 차장에게 혼자 탈 땐 돈을 내라고 할망정 세워줘야 한다고 이구동성으로 차장을 나무랐다.
차를 타면 절대 돈을 낼 사람도 아니면서 말이다.

　그러나 올라 탄 노인은 돈을 내라는 차장을 보따리로 떠밀고
는 허리춤에 인감도장만큼이나 소중하게 간직한 경노우대증을
내보인다. 차장은 내 그럴 줄 알았다는 듯 씁쓸하게 웃더니 느
닷없이 노인의 보따리를 덮치듯 몸을 기울여 익은 옥수수 한
자루를 빼냈다.

　노인은 깜짝 놀라며 팔 물건이라며 보따리를 감춘다. 버스
안은 순식간에 한 집안 식구처럼 웃음바다가 되었다. 처음부터
무표정하던 운전수도 싱긋이 웃고 있다. 이래서 시골버스는 달
리는 재미가 있나 보다.

시골버스 (2)

시어머니 생신에 시댁을 다녀오던 날이다. 우리는 예매한 고속버스시간에 맞춰 두어 시간 정도 일찍 집을 출발하였다. 읍내까지 오가는 시내버스는 운행이 중단되는 일도 가끔 있기 때문에 시간을 넉넉히 잡아야 하는 것은 지혜요 상식인 때문이다.

그런데 우리가 버스 승차장에 미처 도착되기도 전에 흙먼지를 날리며 파란색 버스가 달려오는 것이 아닌가. 분명 집에서 버스시간에 맞게, 아니 십분 정도 여유를 주고 출발해 왔는데 버스는 벌써 와버린 것이다. 나와 두 아이는 달리기 시작했다. 고갯길을 가고 논길을 지나 다리를 건너야만 승차장인데 도저히 버스를 잡을 가망이 없다. 그러나 그 차를 타지 않으면 예매표는 무효가 될 뿐 아니라, 서울 가는 일은 어려워지고 만다. 더구나 내일은 아이들 학기말시험일인데 오늘 올라가지 않으면 어떻게 된단 말인가. 속이 있는 대로 다급해졌다. 우리는 시어머니가 싸준 콩이며 두부가 든 가방의 무게도 잊은 채 뛰고 뛰었다. 짐을 들지 않은 딸아이가 앞서 뛰고, 시험공부를 한다고 시골까지 책을 메고 온 아들은 책가방 탓인지 뒤처져서 헐떡인다. 그러나 우리가 고개를 반도 건너기 전에 벌써 버스는 승차장에 멈춰서 손님을 태우고 있었다. 얼마 안 되어 보이는 손님을 다 태우면 떠날 텐데 운전수는 우리가 오는 것을 알지 못할 테니 야단났다. 아직도 정류장까지는 멀었는데 우리를 태우겠다고 기다려줄 것 같지 않기 때문이다. 하지만 우리는 계속해서 뛰었다. 모두가 약속이나 한 듯이 손을 흔들며 아저씨를 복창하여 부르며 뛰었다. 다행히도 운전수 아저씨가 우리를 보고 기다려줄지도 모른다는 기대감에서다.

그런데 버스는 우리의 외침을 못 들었는지 아니면 못 보았는지 천천히 움직이더니 그대로 달리고 있었다. 순간 우리는 크게 실망했다. 울고 싶었다. 하지만 울기 전에 그 버스를 세우고야 말겠다는 집념으로 달리기를 멈추지 않았다. 아무래도 그 버스를 타지 않으면 안 된다는 필연성에서 그랬으리라.

"아저씨! 아저씨!

두 아이도 달리는 버스를 계속해서 불렀고, 나는 구두굽이 높은 탓에 넘어질 듯 엎어질 듯 하면서도 짐 보따리만은 굳세게 들고 뛰었다. 그러자 버스가 기적같이 섰다. 백여 미터 이상이나 달리다가 멈춘 것이다. 뜻밖의 결과였다. 난 악착같이 뛰었지만 솔직히 달리는 버스가 서주리란 희망은 없었다. 다만 버스를 타지 못하게 된 낙심된 마음에서 오기로 뛰며 소리친 것이다.

내가 학교 다닐 때만 해도 시골버스는 멀리서 뜀박질하는 손님을 기다려서 태워 주곤 했지만, 요 근래는 그런 너그럽고 여유 있는 버스는 볼 수가 없잖은가. 오히려 노인 손님이 많은 시골버스는 노인들만 서 있으면 그냥 달린다고 하지 않는가. 버스는 1분 이상이나 기다리며 우리 일행을 기다려 태워 주었다. 우리는 턱까지 차오르는 가쁜 숨을 몰아쉬며 무거운 봇짐

을 차 위에 올렸다. 모두가 홈빽 젖은 얼굴이 사과처럼 빨갛게
상기되었다.

"고맙습니다."

나와 아이들은 운전수 아저씨를 향해 차 안이 다 들리도록
크게 인사를 했다. 차에 있는 손님들이 기쁜 얼굴로 우리의 인
사에 웃었다. 비록 말은 없지만, 순박하고 천진한 눈빛에서 그
것을 느낄 수가 있었다. 달리는 차 안에서 비로소 내 마음은
천천히 가라앉으며 평안해져 왔다. 그리고 시골버스가 새삼 고
마웠다. 서울이라면 이런 일이 가능할까. 시골버스의 훈훈한
인정과 사랑에 가슴 뿌듯함을 느껴 본 날이다.(1987. 가을)

꽃 중의 꽃

누구나 그렇겠지만 나는 꽃을 좋아한다. 길을 가다가 꽃이 있으면 마음이 환해지며 기분이 좋아진다. 그럴 때 주머니를 털어 꽃 한 단 사는 여유를 갖기도 한다. 하지만 만만찮은 꽃값도 꽃값이지만 살 때뿐이지 집에다 꽂아 두면 금방 시들어 버리는 게 싫어 요즘은 꽃 같은 것은 안 산다. 다발 꽃뿐 아니라 분에 담긴 작은 팬지꽃 하나 사지 않는다. 꽃집 앞은 늘 빨강과 노랑, 하양, 남색의 꽃들이 분마다 예쁘게 심겨져 있어 몇 번이나 발걸음이 멈춰지지만 좁은 집을 생각하며 사는 것을 자제한다. 그러니 우리 집에는 봄이 가고 여름이 오도록 꽃 한 송이 피지 않는다. 겨우내 좁은 거실에서 난로의 열기로 몸살을 하다 고사 직전에 구출 받은 몇 개의 분들만 베란다에서 빠작빠작 생기를 되찾아가고 있을 뿐이다. 누렇게 떠버린 잎을 벗어 버리고 파랗게 새순을 올리는 식물들을 보노라면 많은 감동과 교훈을 얻고 있다.

오늘 아침의 감동은 특별한 것이었다. 출근하는 남편을 따라 나가면서 보니 베란다 입구에 놓인 분에서 언제 대궁이를 올렸는지 분홍의 꽃이 활짝 피어 있다. 얼핏 하나같은데 자세히 보니 두 개의 줄기가 올라와 피어 있는 것이었다. 나는 너무나 기뻐서 저절로 '아!' 하고 탄성을 냈다. 남편도 감탄하며 여간 신기해하지 않았다. 수선화라고도 하고 난의 일종이라고도 하는 부추 줄기처럼 길게 자라는 이 화초의 잎은 사시사철 푸르기만 하다. 그러나 우리 거실에서 겨울을 넘기는 동안 잎이 낙엽처럼 말라 버렸다. 원래의 푸름을 찾은 것은 오월이 다 지나서였다. 그 때 나는 파란 잎사귀와 함께 붙어 있는 말라 버린 잎을 다 따 주었다. 그런데 이렇게 금방 꽃을 피우다니…….

집안에 있는 딸을 불러 꽃을 보게 했다. 마치 안 보면 손해라도 볼 것처럼 소란을 떨며 말이다. 갑자기 집안은 경사라도 난 듯 떠들썩해졌다. 화분에는 꽃이 핀 것 말고도 봉오리를 하고 있는 대궁이가 네댓 개쯤 더 올라와 있었다. 며칠간은 더 꽃을 볼 것 같아 행복하기까지 했다. 꽃이 있는 집이 얼마나 아름답고 밝은가를 깨닫는다. 꽃을 열심히 사다 심던 어느 권사님 생각이 났다.

권사님 집은 뜰이 결코 넓지 않다. 대문에 들어서면 바로 계단이고 그 계단을 숨차게 올라가면 현관과 맞닿아 있을 만큼 마당이라곤 없다. 그런데도 권사님 댁은 봄부터 겨울까지 갖가지 꽃이 피고 있다. 베고니아, 초롱이 꽃, 영산홍, 백합, 철쭉, 선인장, 등……. 화분마다 꽃이 핀 것은 물론이고 벽과 담장사이의 돌 틈과 대문 위까지 빼곡히 꽃나무로 채우고 있다. 그래서 이 집에 오는 손님들은 대문에서부터 꽃들의 환영을 받으며 입장하는 기분이 된다. 자연히 이 집에 들어오는 사람들의 마음은 꽃처럼 활짝 열린 듯 집안에선 웃음꽃이 떠나지 않음을 본다. 꽃은 아름다울 뿐 아니라 마음의 문까지 열게 하는 행복 천사인 것 같다.

우리 집에는 수선화 말고도 또 하나의 꽃이 있다. 우리 딸 덕은이다. 얌전하고 예쁘고 공부 열심히 하고, 교회봉사도 충실히 한다. 아무리 아르바이트를 하고 학교 시험이 닥쳐와도 교회 일을 뒤로 미루지 않을 만큼 신앙심도 있다. 대학생활도 알차게 하는 것 같았다. 2학년 때까지는 합창 동아리에서 피아노 반주자로 활동하며 네 번의 공연을 하더니 삼 학년이 되자 전공인 영어공부에 전념하는 것이 여간 기특하지 않다. 딸은 월드비전 회원으로 용돈을 절약해 불우소녀를 돕기도 한다. 나중에 돈 벌면 하지 그러냐고 충고하자 "목욕을 집에서 하면 돼요" 했다. 딸의 꿈은 동시통역사이다. 그래서 요즘은 AFKN을 들으며 회화학원에도 다닌다. 타고난 거칠지 않은 성격 탓에 누구와 부딪히는 일도 없고, 돌발적인 변덕도 없는 게 늘 내 맘을 편안케 한다.

지금 딸은 대학 3학년이다. 몇 해만 지나면 좋은 배우자를 만나 결혼도 해야 할 것이다. 그러면 그때는 외로워서 어떻게 사는지 벌써부터 걱정이다. 딸이 어릴 땐 몰랐는데 크자 우리는 모녀관계 이상의 친구가 된 지도 오래다. 딸의 이야기를 내가 들어주는가 하면 나의 고민은 딸이 들어주었다. 우리는 서로에게 조언자도 되고 위로 자가 되기도 한다. 또 끊임없는 대화로써 엄마와 딸이란 세대차를 극복한다. 물론 우리 딸은 아빠에게도 좋은 딸인 것 같다. 내가 남편의 식성을 이십 년이 넘도록 못 맞추는 것에 대해 이의를 제기할 정도니 말이다. 아빠가 함께 식사할 때는 아빠 중심으로 음식을 하자고 제의한 것도 딸이다. 이 정도면 우리 딸은 지금 시집가도 잘 살 것 같다. 그러고 보니 꽃 중의 꽃은 우리 딸이 아닌가 싶다. 제 자식 자랑하는 사람을 팔불출이라는데 나는 딸에 관하여는 팔불출이 기꺼이 되고 싶어진다.(2000. 4)

III.

그리운 것들

기침

　우리나라 사람은 예로부터 기침으로 인기척을 알리는 인습이 있다. 삽짝문 밖에서 기침을 하여 방문을 알렸고, 늦은 귀가에도 기침으로 당도했음을 전한다. 기침은 누가 어디서 어떻게 하느냐에 따라 의미가 다르게 전달된다. 사랑채의 이른 아침의 기침은 가장의 권위로서 아침 기상을 채근하는 게 보통이고, 측간 앞에서의 기침은 용무 보는 자가 안에 있으면 대답하라는 문의의 기침이 된다.

　시아버지, 며느리, 시숙, 할 것 없이 같이 사용해야 하는 장소인 만큼 특별한 경계를 요하는데 그 의미가 크다. 이럴 때 기침은 이쪽저쪽 모두 하는 게 예다. 사극영화를 보면 기침은 주로 갓 쓴 양반의 전유물인 양 항용되는데, 양반 특유의 권위를 나타내는 무언의 세(勢)가 아니었나 싶다. 팔자걸음에 곰방대를 휘두르며 동네어귀를 들어서면서 어험! 하고 큰 기침을 함으로써 하릴없이 서성이던 젊은이들의 버릇없는 자세를 고치는가 하면, 우물가에서 이런저런 이야기로 떠들썩한 아낙네의 기를 꺾는 데도 특효였다. 생각하면 기침만큼 강한 권위의 말도 없었던 것 같다.

　나는 시아버지의 기침을 두려워한다. 며느리의 허물을 말 대신 표현하는 듯해서다. 비교적 직선적이고 참을성이 없으신 시

아버지는 무엇이든 맘에 안 들면 노하시며 나무라는데 며느리
인 내게만은 허물을 입에 담지 않으신다. 동혈의 자식이 아니
라는 격의에서인가 보다. 그러나 예의범절이 다소곳한 것도 아
니요, 가정과 가사만을 위해 살아 주는 것도 아니요, 부모님이
나 시 형제에 대해 각별한 애정도 표현하지 않는 며느리가 맘
에 썩 들 리는 없으리라. 그 뿐인가. 젊었을 땐 동네서 제일이
었다는 시어머니의 음식솜씨에 비하면 된장국 하나 제대로 끓
일 줄 모르는 며느리가 아닌가. 그래서인지 내 딴에 정성껏 차
린 밥상 앞에서도 어험! 어험! 밭은기침을 하는가 하면, 눈치
도 없이 시부모님 앞에서 빨래 세탁이며 밥 시중을 돕는다고
부엌까지 들락거리는 아들을 보아도 큰 기침이시다.

　지난번 오셨을 때도 그랬다. 남편과 아이들이 직장과 학교로
떠나고 시아버지와 둘만 남게 되었는데, 밥상을 밀어 놓은 채
조간신문에 몰두하는 며느리가 싫었는지 기침소리가 유별하시
다. 뒤늦게야 눈치를 채고 신문을 접으며 황급히 밥상을 치웠
는데, 부모 모시고 사는 며느리의 숨은 고충을 이해 할 것 같
았다.

　말하지 않아도 마음을 표현하고, 소리의 어감으로 보아 당사
자의 마음을 짐작할 수 있는 기침! 거친 감정을 순화하고 여과
할 수 있는 기침이 새삼 멋스럽다고 생각된다. 그 때 시아버지
가 "밥상부터 치우거라 운운"했다면 며느리는 얼마나 당황했을
까. 오히려 미안함이 지나친 나머지 "신문 다 읽고요." 하고 오
기를 부렸을지도 모른다. 그런 의미에서 볼 때 타인의 감정을

정면에서 건드리지 않는 우리 민족의 은근함과 인내심 강한 지혜로움에 머리가 숙여진다.

요즘 세대는 감기가 아니면 기침을 하지 않는 편이다. 생활패턴이 바뀌고 주택형태가 바뀐 것이 원인이다. 그 대신 서양식 노크를 예의 바르게 실행한다. 사무실에 들어 갈 때도, 화장실 앞에서도 노크다. 노크는 상대를 확인하기 전에는 누구인지 알 수가 없다. 결국 몇 번의 질문과 대답이 오고 간 후에 문이 열린다. 기침 소리로 누구임을 대번에 알아채고 방문을 열던 예전과는 천지차이다.

언제부턴지 기침은 구세대와 신세대간에 통하지 않는 인습으로 사장되어 버렸다. 그래서 시골 할아버지가 수세식 화장실 앞에서 큰기침 두어 번에도 기척이 없으므로 해서 문을 열었다가 젊은이한테 무식하다고 망신을 당하는 예가 일어나는가 보다. 기침은 참을 수 없는 기쁜 감정을 나타낼 때도 하는 것 같다. 우리 민족은 "고맙습니다. 감사합니다."를 잘 하지 않는다고 하는데 그것은 고마움을 몰라서가 아니고 인습상 잘 하지 못하는 것이 아닌가 싶다. 그 대신 몇 번의 기침으로 대신하는 것이다. 시아버지는 칭찬하는 법도 없고 고맙다는 말인사도 않는다. 다만 조용히 웃으시며 몇 번 정도 밭은기침이면 끝났다. 아들이 승진시험에 합격했을 때도 그랬고, 집을 장만했다고 전했을 때도 그랬다. 가벼이 입놀림을 하지 않는 깊은 물속 같은 마음, 허물도 칭찬도 과하지 않게 표현하는 기침언어를 생각할 때 기침이 사라져 가고 있음이 가끔은 안타깝다.

다라미질과 주름

　며칠 전부터 남편은 춘추복을 세탁소에 맡겨 두라고 했지만, 깜박 잊고 있다가 오늘에야 생각이 났다. 달력을 보니 춘추복을 입는다는 9월 1일이 내일로 다가와 있다. 이걸 어쩌나! 세탁소에 오늘 맡기면 모레나 찾아가라고 할 텐데.

　난 급히 푸른색 경찰복을 꺼내었다. 올부터 제복은 희뿌연 회색 대신 남청색으로 바뀌어서 춘추복은 아직 새것으로 타다 놓은 그대로다. 집에서 다려 보고자 옷을 펼쳐 보았다. 그런데 새 옷인지라 주름의 흔적도 없는데다 형태도 제멋대로인 것에 금방 용기가 꺾인다. 원래가 다림질에는 자신도 없지만, 경찰 제복은 무슨 주름이 그리도 많은지 수많은 주름은 나를 짜증스럽게만 했다. 그래서인지 남편의 제복은 아직 집에서 다린 적이 없다. 어쩌다 맘을 먹고 다리려 해도 내 다리미질 실력이 미덥지 못해서인지 언제나 세탁소에 맡기는 데도 원인이 있다. 그런데 오늘은 상황이 급한 만큼 난감하기만 하다. 나는 이러지도 저러지도 못하는 상태로 안절부절못하다가 여러 번 당부한 남편의 말을 생각하며 직접 다림질을 하기로 한다. 다림질에 필요한 도구는 작은 요와 다리미 그리고 스팀용으로 뿌릴 물과 솔이면 된다. 아주 간단한 준비다.

　옛날 시골에서 옷 한 번 다리려면 장작불을 땐 다음 벌건 숯덩이를 다리미 속에 채우고 다리다가, 숯불이 삭아지면 다시 숯을 넣어 풀무질을 해가면서 다리미질을 하던 일에 비하면 일도 아니다.

　콘센트에 플러그를 꽂고 잠시 기다리니 다리미가 뜨겁게 달궈졌다. 제복은 마직류인지라 강도를 4에 맞추고 다림질을 했다. 까다로운 주름잡기는 남편이 돌아오면 묻기로 하고 우선 쭈그러진 옷을 펴고 형태를 살리겠다는 생각에서다. 그런데 생각 외로 구김살이 잘 펴지지 않았다. 물을 끼얹고 솔질을 했지만 헛수고다. 다리미가 고장인가 하고 만져 봤지만 뜨거운 걸 보니 다리미 고장은 아닌 것 같다. 맥이 빠졌다. 도대체 세탁소에선 무슨 비결이 있기에 말끔하게 다리는지 모르겠다고 생각하며 세탁비가 비싼 이유를 알 것 같았다.

　문득 세탁소의 무거운 다리미가 생각났다. 웬만큼 팔 힘을 주지 않으면 쉽게 들어올릴 수도 없는 그 무게! 바로 그것이다! 압력! 무거운 다리미의 힘!

　난 무릎을 꿇고 앉아서 다리미를 힘껏 눌러 가며 다려 보았다. 신기하게도 펴지지 않던 구김살이 온데간데없다. 옷 다리기는 금방 즐거움으로 바뀌었다. 그리고 이왕 시작한 것 주름까지도 잡고 싶어졌다. 그런데 막상 주름을 잡으려니 어디에 어떻게 주름이 있는지 아리송하기만 하다. 남편이 제복 입은 모습을 별로 본 일이 없는 데다 다려본 일이 없는 터라 주름이 많다는 것밖에 생각이 안 났다. 장롱을 뒤졌다. 다행히도 장롱 속에는 동복이 하나 있었다. 동복의 희미한 주름을 세어 보았다. 앞 포켓을 중심으로 상하로 이어진 주름이 두 개, 소매 끝에서 어깨까지 죽 올라간 주름이 각 한 개씩, 등판에는 절개선이 있고 절개선 아래로 난 주름이 하나로 절개선과 평행을 이루었으며 그 아래로 세 개의 주름이 삼등분 하듯 나 있었다. 모두 여덟 개나 되는 주름이었다. 주름을 세울 일이 걱정이었다. 여학교 때 바지 주름 잡던 생각이 난다. 덜 탄 숯덩이에서 피어 나오는 매운 연기 때문에 눈물을 줄줄 흘리면서 겨우 다림질을 하고 나면 주름은 두 개다. 그것을 고쳐 보려고 하다가 세 개로 더 늘어나는 통에 속상했던 일, 어떤 땐 그나마 숯불 일구는 일이 안 되어 요 밑에 깔고 자는 식으로 주름을 세우기도 했다. 주름 없는 여학생의 바지란 정말 단정치 못하고 매력 없었으니 온갖 방법을 다 동원한 것이다.

지난날의 고생스런 다림질을 생각한 때문인지, 여덟 개나 되는 주름을 잡느라 온 몸이 땀으로 흠뻑 젖는 줄도 몰랐다. 제복은 다림질이 잘 되어 세탁소에서 다려 온 듯 말끔하였다. 남편이 오면 세탁소에서 다려 왔다고 해야겠다. 남편이 의심치 않는다면 오늘 내 다리미질 솜씨도 엉성하지 않음을 증명한 셈이 된다. 괜히 어깨가 으쓱 올라간다.(1980)

등잔 판

우리 동네는 석 달 전에 전기가 들어왔다. 온 동네가 떠들썩했던 그 날의 감격을 지금도 잊을 수가 없다. 정확한 날짜는 기억할 수 없으나 12월 초순 오후 1시에 일제히 그 신기한 불빛이 들어왔다.

안방의 형광등에서 부엌의 30촉짜리 전구에서 빛을 발했다. 그 날 가족들은 방마다 다니며 어린애처럼 불빛을 구경했다. 우리는 생전 처음 전깃불을 본 듯 신기해했고 이웃으로 달려가 기쁨을 같이 나누곤 했다. 동네는 남녀노소를 막론하고 전깃불에 대한 화제로 들끓었다. 아무래도 이런 시골에 전기불이 들어왔다는 것이 믿어지지 않은 때문이다. 처음 전봇대를 세우고 전선을 늘일 때만 해도 사람들은 신통한 반응을 할 줄 몰랐다.

"뭐 전봇대만 세우면 불이 들어오나? 들어와야 들어오는 거지." 하고 태반 의문스러운 쪼였다. 이유인즉 이미 들어온다고 소문이 난 지가 반년이 넘도록 소식이 없어 그 동안 한전에 대한 신뢰를 잃었기 때문이다. 그런데 겨울의 초입에 마침내 전깃불이 들어온 것이다.

늦게나마 들어온 전깃불은 온 동네를 환하게 밝혀 놓았다. 그래서 몇 백 년 동안이나 우리와 친근했던 등잔은 누군가의 손에 의해서 고맙다는 인사 한 마디 받지 못한 채 안방에서 사

라졌다. 언제부턴가 가족들은 그 동안 등잔판이 존재했다는 사
실조차 잊고 있었다. 그 대신 새로운 전기 문화에 젖어 기쁨과
두려움의 혼동에 싸여 있었다. 할머니는 밝은 전등불 밑에서
전선을 끔찍이도 멀리 하시며 전깃줄의 위험을 누누이 강조했
고, 어머니는 전기세를 내야 한다는 새로운 지출로 인해 전깃
불 끄라는 말을 입에 달고 사셨다. 그래도 전기가 들어오니 동
네는 하루가 다르게 문화촌으로 변모되어 갔다. 도회지의 지붕
위에만 있을 것 같던 텔레비전 안테나가 몇 군데 세워지고 전
화도 설치된다는 소문이다.

저녁에 예배당 가는 잔등을 지날 때면 동네 집집마다에서 흘
러나오는 파란 불빛, 붉은 불빛이 너무나도 아름답고 소중하여
가슴이 찡해 오기도 했다. 그러나 세월이 지남에 따라 뜨거웠
던 감격도 식어 버린 지 오래다.
어느 날 아궁이 앞에 앉아 불을 지피고 있는데 불을 피우려
고 어머니가 안고 온 장작더미 속에서 등잔판이 나왔다. 다리
가 부러지고 찌그러진 모습이 다시는 쓰지 못할 만큼 흉한 모
습이었다.

"등잔판이다."
불을 지피던 나는 반가움에 얼른 등잔판을 집어 들었다. 온
갖 감회가 새로웠다. 일찍이 할아버지 생전에 만들었다는 등잔
판은 아버지보다도 더 오래 살았다지 않았던가. 등잔판은 아버
지보다 더 우리 집의 내력을 잘 알고 있는지도 모른다. 연지곤
지 찍고 시집 온 내 어머니의 새색시 적 모습을 알 것이고 우

리들 출산 때마다 등잔불 밝히고 지켜봤을 등잔판이 아닌가. 그런데 전깃불이 들어왔다고 하여 하루아침에 모퉁이 장작더미 위로 처박아 놓아 형체가 변할 만큼 찌그러져 버렸다니 새삼 생명이 있는 생물처럼 가여운 생각이 들었다.

전깃불이 들어오기 전만 해도 방 가운데 모셔놓고 예배를 드리고 식사 시간에는 대 가족인 두 밥상 사이에 놓여지던 지존의(?) 위치에서 불쏘시게 신세로 전락했으니 말이다. 옛것에 대한 문화적 가치를 찾으려는 나는 등잔판을 요모조모로 어루만지며 보존 가치를 찾았지만 받침대가 빠져 버려서 세울 수도 없었다. 결국 아궁이 속에 처넣고 말았다. 아궁이에서 등잔판은 어떤 장작보다도 뜨겁게 활활 타올랐다. 마치 "내 할 일은 마쳤어요"라고 인사하듯 맹렬히 타올랐다. 나는 한 줌의 재로 사라지는 등잔판을 바라보며 버려진 인생도 이와 같음을 느껴야 했다.(1977. 가을)

무명 쌀자루

요즘은 확실히 살기가 좋아진 것 같다. 시내에 나가면 최루 가스로 눈물이 나고 콧물이 쏟아지는 등 대학가 데모는 끊이지 않지만 시장마다 풍성하게 쌓여진 물건이며 지나가는 행인들 마다 말쑥한 옷차림임을 볼 때 GNP가 높아진 나라, 보다 윤택해진 나라임을 실감할 수 있다.

10여 년 전에 비하여 지금은 단칸 셋방살이를 할지라도 좁은 부엌에 가스레인지를 들여 놓고 냉장고 TV는 필수도 갖추고 살지 않는가? 이렇게 살기가 편리해진 때문인지 물질만능주의가 판을 치는 세상이기도 하다. 하루가 멀게 새 물건이 나오고 새 상품이 쏟아지니 돈만 있으면 필요한 물건을 얼마든지 살 수 있고 구할 수 있게 되었다. 그래서인지 웬만큼 산다 하는 집엘 가보면 이제는 새로운 것, 첨단의 제품에도 진력이 났는지 진열장에는 예스럽고 고풍스런 것이 장식용으로 이용되는 풍조다.

삼십여 년 전 우리들 어머니 세대가 쓰던 바구니나 키 같은 걸 벽걸이용으로 걸어 놓는가 하면 티 탁자 같은 것은 아예 할머니 세대가 쓰던 소먹이용 여물통 같은 나무그릇을 잘 단장하여 그 안에 드라이플라워 같은 것으로 장식하여 유리를 깔아 사용하는 경우도 소개된 걸 보았다. 그래서 성서에는 해 아래 새것이 없다고 단언하는가 보다.

사람들은 옛것은 버리고 새로운 것을 찾지만 결국 그 새로운 것은 옛것에서 태어나는 돌고 도는 식 탄생이 아닌가? 내가 시장갈 때나 버스 타러 가는 길목에는 커다란 쓰레기장이 있다. 그 쓰레기장 옆을 지날 때마다 난 코를 쥐고 걷는 편이지만 수많은 쓰레기더미를 유심히 보는 습관 또한 생겼다. 널브러진 과자봉지나 음료수 봉지 등은 말할 것도 없고 부서진 자개장농이며 흑백TV, 각종 그릇과 옷가지 등이 산더미처럼 쌓여졌다가는 큰 트럭에 실려 나가곤 하는데 사람들은 버리는 데도 새 물건 사들이는 것만큼이나 쉽게 하는 것 같았다.

나 역시도 예외는 아니다. 흑백TV를 칼라로 바꾸었고 구식 미닫이 장롱을 버리고 새 장롱을 살 계획을 세우고 있다. 그뿐인가? 보잘것없는 집기구로부터 옷장 안의 유행 지난 헌 옷가지 등도 가끔씩 과감하게 버리기도 한다. 해마다 버리는 옷이 한 보따리인 것 같은데도 헌 옷은 자꾸만 쌓여 새 옷장을 사느니 차라리 버리는 쪽을 택하는 것이다.

그러나 딱히 버리지 못하는 것이 있으니, 무명 쌀자루다. 사람이란 자기의 삶에 영향을 주었던 물건이라면 그것이 하찮을지라도 피붙이를 아끼듯 소중히 여기는 것 같다. 내가 옷장 맨 아래 칸 깊숙한 곳에 오래 전부터 간직하고 있는 물건은 퍼런 곰팡이 때가 묻고, 군데군데 구멍이 난 두 말 들이 무명 쌀자루다. 누렇게 변색되다 못해 거의 회색이 되어 버린 무명쌀자루가 어찌해서 결혼한 내 집에까지 왔는지는 몰라도 난 그 쌀자루를 몇 년 째 선뜻 버리지 못하고 장롱 안에 넣어 두고 고단했던 학창시절을 기억해 내는 것이다.

고향을 떠나 시내에서 학교를 다니던 언니와 나는 토요일이면 집에 가서 두말짜리 무명 쌀자루에 쌀을 담아 이십 리 길을 걸었고 십리 길은 차를 타는 등 해서 팔이 빠져라 들어다 먹었는데 그 때 사용하던 쌀자루가 간직하고 있는 그 쌀자루였다.

15세 17세였던 우리 자매로선 두 말 들이 쌀자루가 어찌나 무겁던지 이십 리 길을 가는 동안 수십 번도 더 쉬면서 날라다 먹었다. 지금은 20킬로그램짜리 정부미 한 포대를 사도 쌀가게에서 배달을 해주는 편리한 세상이지만 내가 자취할 때는 시골마다 교통 사정이 안 좋아서 시내로 학교 다니는 학생들은 남녀를 불문하고 쌀을 들어다 먹곤 했다. 하숙하는 부잣집 자녀들은 예외였지만.

부모님은 가끔은 시내 나가는 날구지 편에 쌀을 보내 주는 일도 있지만 그것은 추수 때가 지나고 쌀을 한창 내다 파는 늦가을이나 초겨울에 있는 일이고 봄 여름철엔 죽으나 사나 밥해 먹을 쌀을 날라다 먹었다.

나보다 두 살 위인 언니는 키는 작았지만 야무지고 귀여웠기 때문인지 가끔 남학생들의 친절을 받곤 했다. 우리 자매가 무거운 쌀자루를 들고 낑낑대는 것이 안됐던지 키가 큰 듬직한 남학생이 쌀자루를 대신 들어다 주곤 했는데 그때마다 철부지인 난 왜 그렇게 화를 내고 심통을 부렸는지 지금 생각해도 난 멍텅구리 고집쟁이였다.

언니가 그 남학생하고 이야기하며 걷는 게 싫었고 또 가끔가끔 웃는 것도 싫어서 죽을 지경이었다. 이유인즉 그 학생이 입고 있는 교복으로 보아 실력 없는 학교 학생이라는 이유 때문이었던 것 같다.

쌀자루를 보면 나와 언니의 학창시절이 생생하게 떠오른다. 자취생활의 고달픔 배고픔 쓸쓸함 등이 적나라하게 되살아나는 무명쌀자루! 그 중에도 잊지 못할 악몽과도 같은 기억이라면 자취방에서 불을 냈던 사건이다. 그 날도 우리 자매는 억수같이 쏟아지는 비를 맞으며 자취방으로 돌아왔었다.

아버지의 만류가 심했지만 월말고사가 있었기 때문에 공부를 해야 한다면서 굳이 빗속을 재촉하여 자취방으로 돌아왔다. 그런데 때마침 정전일 게 뭐람! 그 때만 해도 한전 사정이 나빠 비만 오면 정전을 밥 먹듯 하던 때라 우리는 고단한 몸을 쉴 틈도 없이 책을 펴놓고 촛불 밑에서 공부를 했다. 그런데 이 십리 길을 두 말 들이 쌀을 들고 온 우리 자매는 촛불을 켠 채 그만 잠들었던지 불이야! 하는 소리에 눈을 떴을 땐 이미 방 안은 훨훨 타는 빨간 불꽃들이 한 쪽 벽을 태우고 있었다.

순간 난 무서움에 울었지만 언니는 경황 중에도 이부자리를 들고 불길을 잡으려고 털썩털썩 방바닥을 때리고 있었다. 불길은 주인집 식구들이 물을 끼얹어 금방 잡았지만 그 때의 놀라움과 충격 때문에 우리 남매는 학교가 끝나고도 자취방에 가지 않고 수위 아저씨의 눈을 피해 교실에서 새우잠을 잤었다.

지금 언니는 고질이 된 피부염으로 기도원에서 수양중이다. 병의 뿌리를 뽑기 전에는 죽은 셈 치고 기도원에 있기로 작정한 언니는 어머님 생신 때도, 조카 결혼식에도 참석하지 않았다. 언니가 보고 싶어진다. 옷장 정리 중에 다시 꺼낸 무명쌀자루를 보니 더욱 생각나는 언니다. 자취생활이 너무 힘들어서, 공부한다는 것이 너무 힘들어서 고등학교 진학을 포기한 언니, 돈 많은 부잣집에 시집가는 게 소원이어서 하나님께 부잣집으로 시집가게 해달라고 기도했다고 했었다. 그 결과 소원대로 부잣집으로 시집가 2남 1녀를 둔 다복한 가정을 꾸려 걱정 없이 살았는데 보이는 부분마다 부풀어 오르는 이상한 피부염으로 고생할 줄이야.

언니와 내가 도회지에서 공부 한다고 고생할 때 우리 자매의 일거일동을 다 알고 있을 무명쌀자루! 그 시절의 아픔도 고통도 어려움도 이젠 그리운 추억이 되어 버렸다.

오늘은 그 무명 쌀자루를 가위로 잘라서 탕약 거름보자기로 쓰기로 한다. 인스딘드가 만연한 시대에 살다 보니 집안을 다 뒤져도 무명보자기를 찾기가 힘들어서다. 조각이 나버린 무명쌀자루를 보는 내 마음은 지난날의 어둡고 힘들었던 시절의 추억이 조각나는 것을 느낀다. 그러나 잊을 때도 되었음을 깨닫는다. 어차피 무명 쌀자루는 나의 추억이 서렸지 자식에게 가보로 전할 만한 것은 아니다.

탕약으로 새까매진 무명자루는 마침내 버려졌다. 그러나 쌀자루에 얽힌 추억은 내 가슴속에서 영원히 잊히지 않으리.

모심기

이십 년 이상을 농촌에서 살아 온 나는 두 아이의 학습을 도울 때마다 안타깝기만 하다. 강아지나 병아리는 그래도 보았다지만 농촌에서 살지 않으면 알 수 없는 새 쫓는 방법은 시멘트 건물과 아스팔트길에서 자라 온 아이로선 알 턱이 없는 것이다.

오늘도 딸아이는 국어문제집을 풀다가 참새를 쫓는데 왜 방울을 흔드느냔다. 시골아이라면 이런 문제쯤은 땅 짚고 헤엄치기겠지만 벼이삭이 어떻게 생겼는지 알지 못하는 아이로선 이해가 안 가는가 보다. 그 뿐인가. 사회문제 중에 협동심과 관계있는 것을 찾으라니까 <부모에게 효도하는 것>에 동그라미를 하고 있다. 바로 밑에 <모내기>가 있지만 모내기가 무엇인지 모르니 정답이 아리송한 거다. 그것도 모르냐고 면박을 주며 지난날의 새 보던 이야기며 모 심던 모습들을 보여주듯 들려주는 동안 나는 어느덧 고향산천으로 달려간다. 수십 마리의 떼새가 몰려오면 새를 쫓는다고 대나무로 만든 총으로 흙을 찍어가며 팽매질을 하던 일이 엊그제만 같다. 줄에 매단 깡통으로 도둑 새를 쫓기에는 어림없어서 장대를 들고 훠워이~ 훠워이~ 하며 논둑길을 뛰어 다니던 기억이 새롭다.

새 보기는 이슬이 허벅지를 다 젖게 하는 이른 새벽부터 해가 서산에 질 때까지 지켜보는 것으로 새가 안 오면 심심하고 지루하기 짝이 없다. 어머니가 꺾어준 단수수대를 먹을 땐 그런대로 할 만하나 먹을 게 떨어지고 나면 새막에 앉아 있기가 너무 지루해 중간에 집으로 돌아왔다가 아버지한테 혼난 일도 많았다.

학교를 졸업한 후론 모심기를 해야만 했다. 온 동네가 참여하여 조합을 만드는 모심기는 대부분 젊은 처녀들이 주로 하는 일이지만 아주머니들도 자기 집 모심을 일을 생각하여 조합에 들어왔다. 모심기를 시작하는 날은 동네에 징소리가 요란하다. 모심으러 나오라는 소리다. 징소리를 시작으로 모두가 일에 신바람을 내게 된다. 처녀들은 보심을 때면 햇볕에 살결을 태우지 않으려고 토시와 밀짚모자로 중무장을 한다.

모심기는 여러 사람이 모여 합심해서 일하는 만큼 입도 많고 말도 많다. 누구네 집에 손님이 왔고, 어느 집이 간밤에 부부 싸움을 했으며, 누가 어떻다는 등 이야기는 끝이 없다. 가끔씩 입힘 좋은 아주머니들이 뜻 모를 농담을 하여 논바닥은 웃음바다가 될 때도 있다. 이럴 때는 뒤에서 일하는 머슴이 아주머니들의 놀림감이 되기도 했다. 웬만큼 낮 붉어질 농담이라도 모심을 때만은 허용되었다.

모심기는 항상 재미있는 것은 아니다. 심는 양을 정해주는데도 콧수가 늘어나는 경우가 있기 때문이다. 콧수는 줄잡이가 세어 주는데, 정확한 계산으로 똑같이 콧수를 나눠 줘도 심다 보면 콧수가 늘어나거나 줄어든다. 표시를 하여 묶어 놓은 것이 움직이기 때문이다. 이럴 때 자기 코가 아니라고 모를 안심는 경우가 있다. 그러나 이런 일은 논의 폭이 일정치 않은 경우에나 그렇지 대체로 시끄럽고 즐거운 편이다.

　생각하면 모심기만큼 힘든 일도 없었던 것 같다. 내 경우는 하루만 심고 나면 손가락이 퉁퉁 부어오르며 굳어지는 자가 풍에 걸리곤 했으니까. 허리는 또 얼마나 아팠던가. 손놀림이 느린 나는 코를 따라 모를 심다 보면 허리를 펼 시간이 없다. 그래서 계속 구부리고 심다 보니 허리 병이 오곤 했다. 열흘이나 보름 정도 모를 심는데 나는 일주일도 못 나갔다. 그러나 하루도 안 빠지고 다니는 사람이 있다. 일에 익숙하고 단련이 된 때문이다. 한 푼이라도 돈을 많이 벌겠다는 욕심으로 참고 나가는 사람도 있다.

　그러나 애를 못 새기는 나는 돈도 귀찮았다. 그 만큼 모심기는 힘든 일이었다. 지금은 농촌에도 이양기라는 모심는 기계가 나와서 사람손이 필요 없지만 우리 때는 사람 손이 모를 다 심어야 했다. 하늘과 맞닿을 만큼 넓은 들이 파랗게 융단을 깔은 듯 논 하나 빠짐없이 모두 심었을 땐 사람의 손이 얼마나 위대한가를 실감하곤 했다.

　여름이 한창 짙어 가고 있다. 고향의 들판도 어린애 키 만한 벼들이 파랗게 올라오고 있을 것이다. 평생 일만 하는 농촌이라고 헌신짝 버리듯 떠나 온 고향이 새삼 그립다. 일은 많고 가난을 못 벗는 농촌이란 선입감 때문에 처녀들이 시집을 오지 않아 농촌총각이 자살을 한다니 참으로 안타깝다. 빨리 우리 농촌도 땀 흘려 일한 만큼 잘 살게 되어, 젊은 처녀들이 너도 나도 희망을 갖고 농촌으로 시집가는 기쁨을 누렸으면 하는 바람을 가져 본다.(1987)

손빨래

요즘 세상에 세탁기 없는 집도 있냐며 놀라는 사람도 있지만 우리 집은 세탁기 없이 산 지가 6개월이나 된다. 처음 세탁기가 고장 났을 때만 해도 난 세탁기 없이 어떻게 사나 하는 막막함에 할부로라도 사려고 백화점 카드까지 만들었다.

그러나 몇 개월 후면 가전제품이 면세품목에 들어가게 되어 싸게 살 수 있다는 보도를 듣고 차일피일 미룬 것이 지금까지 못 산 것이다.

몇 달 전부터 각 백화점을 비롯하여 매장마다 가격경쟁을 하며 세탁기 값을 내린 지도 꽤 오래 됐다. 그러나 난 아직도 세탁기 사는 것을 미루고 있다. 이유는 손빨래가 생각보다 힘들지 않고 여러 가지로 유익한 때문이다. 이만 오천 원대로 나오던 전기세가 만 오천 원 정도로 줄어든 것을 비롯하여 만원 미만으로 부담이 적어진 수도세도 세탁기를 안 쓰는 때문이라고 믿기 때문이다.

그 뿐인가 손빨래를 하니 빨래가 한결 깨끗해졌다. 세탁기에 돌린 빨래는 아무리 털어도 먼지가 많이 나서 찝찝했는데 우선 먼지가 나지 않아서 상쾌하니 좋다. 집안에도 먼지가 덜 끼는 것을 많이 느낀다. 또, 한 가지 더 좋은 것은 빨래를 하는 날은 식욕이 좋아진다는 사실이다. 만성 위장병을 갖고 있는 나는 늘 뱃속이 더부룩한 것이 고통이다. 차라리 배가 고픈 것이 행복하다고 말할 정도다. 그래서 매일 운동을 해야 하는데 손빨래를 하면서부터 운동을 따로 하지 않아도 식욕이 나고 배가 자주 고파서 좋았다. 그것은 손빨래가 운동이 된다는 증거다.

내가 손빨래를 한다고 하면 모두들 안쓰럽다는 듯 신기해 하지만 견딜 수 있는 데까지 견뎌 볼 작정이다. 더구나 우리는 일 년 이내에 또 이사를 해야 할 형편이잖은가. 이사를 하려면 지금 있는 살림도 줄일 수 있는 데까지 줄이는 게 이사 비용도 줄여서 좋다.

오늘도 아들과 같이 이불빨래 등 많은 빨래를 했다. 겨울도 막바지에 접어들고 아들이 집에 있을 때 큰 빨래까지 다 하겠다는 욕심에서다.

"엄마, 세탁기 빨리 사세요. 힘들어서 어떡하려고 그래요."

엄마가 힘들게 빨래하는 것이 보기 싫은지 아들은 세탁기를 빨리 사라고 보챘다. 하지만 내 마음은 변함이 없다. 이제 조금만 있으면 따뜻한 봄이 올 것이고 산들바람도 불 것이다. 그때는 겉옷은 겉옷대로 속옷은 속옷대로 구분해가며 빨래하는 것도 좋을 것 같다. 집에서 가끔 잡 글을 쓰는 일 외엔 별로 하는 일이 없는 만큼 시간 보내는 데도 유용하다.

이제 새 집으로 이사하게 되면 이불이나 겨울옷 때문에라도 세탁기는 사야 할 것 같다. 하지만 되도록 손빨래를 자주 할 생각이다. 이미 언급했듯이 손빨래가 여러 가지로 유익한 때문이다. 손빨래를 해 본 사람이면 알겠지만 그리 어려울 것도 없다. 예전 같잖고 세제가 좋아서 웬만한 것은 담가만 두어도 때가 잘 빠진다. 궂은 때도 삼십 분 이상 담가두었다가 손으로

비비면 크게 힘들이지 않아도 다 빠진다. 세탁도 정성이 필요
하다. 빨래거리를 구분하는 것이 힘들다고 한꺼번에 세탁기 안
에 넣으면 다 망가진다. 성분을 모르고 세탁기에 넣고 돌렸다
가 반으로 작아져 버린 비싼 순모 셔츠와 스웨터는 아직도 아
깝다. 손세탁을 했더라면 절대 그런 실수는 없었을 것이다.

　그러나 갈수록 편한 것을 찾는 세상인데 세탁기 구입과 함께
나의 손빨래 예찬도 궁색한 변명으로 끝나고야 말리라.(2000. 2)

내 고향 장천리

외국에 나가 본 사람이 애국자가 된다더니 고향도 떠나 본 사람이 고향에 대한 그리움을 아는 것 같다. 출가하여 객지생활을 하다 보니 올 때마다 고향의 도로는 달라지지만 여전히 동네 가운데는 포플러나무가 서 있고 우물 옆에는 미나리꽝이 있는 것이 지난날의 흔적을 그대로 품고 있음을 본다.

올 때마다 느끼는 거지만 김제역에 내리는 순간부터 설레는 마음을 어쩔 수 없다. 끝 간 데 없이 펼쳐진 허허벌판이며 들판을 휩쓸고 가는 바람까지도 낯익은 것이 감회가 새롭다. 그것은 애타게 갈망하던 어머니의 품에 다시 안긴 충만감과 같은 것이리라. 이번 아버지 추모일도 이런 갈망이 있었기에 만사 제치고 오게 된 것이다.

장천리! 언제부턴가 나는 내 고향에 대한 자부심과 긍지를 갖게 됐다. 대한민국에서 제일 가난하고 교통 나쁘고, 구석진 동네라고 깔보았던 지난날의 생각이 얼마나 어리석고 어처구니없는 비하였는가를 뒤늦게나마 깨달은 것이다. 대문을 나서면 들판이요, 논이고 밭이던 고향.

장 닭이 목을 빼고 홰치는 소리와 함께 하루가 시작되고, 등잔불 밝히는 창호문의 불빛과 함께 하루가 막을 내리는 순박함 뿐이던 고향. 정지용의 시 <향수>가 생생하게 살아나는 그 고향을 생각하면 저절로 시심이 넘쳐나고 글발이 잡히는 내 고향이 아니던가. 서울 사람들이 해 뜨는 것을 보기 위해 강원도 정동진으로, 제주도의 성산 일출봉으로 떠나는데 우리 고향에선 날만 좋으면 지평선 위로 해가 뜨고 지는 것을 조석으로 볼 수 있지 않았던가. 황금들녘 뒤로 일몰하면서 타오르는 노을은 정말 감동적이다. 하지만 고향에 살 땐 그런 풍경은 아무데서나 볼 수 있는 줄 알았다.

제주의 성산 일출봉에 앉아 해 뜨는 광경을 보겠다고 한 시간 이상 기다렸지만 어느새 해가 머리 위로 올라와 있어 허탕만 쳤던 기억이 난다. 그렇듯 보기 힘든 일출 장면이었건만 내 고향에선 새벽밥 먹고 만경강 둑길로 학교 가다가 보기도 하고, 논살이 하는 아버지 진시 드시라고 논두렁길로 심부름 가다 보기도 했다. 발밑에 걷어차이는 돌멩이를 밟듯 해 뜨는 광경을 자주 봤으니 일출의 장관에 감동하였다고 시 한 수 쓸 생각을 못한 것도 당연하다.

그러나 지금은 고향의 추억은 물론 풍경까지도 그립고 소중하다. 다행히 오빠 네가 고향에 계셔서 일 년에 두어 번 갈 수 있으니 다행이다.

고향의 봄은 한가로웠다. 부모님 산소에 들러서 마을로 내려가는 동안 사람이라곤 한 사람도 보질 못했다. 마치 머리카락 보일라 꼭꼭 숨어라 하며 숨바꼭질이라도 하는 듯했다. 아직은 이른 봄인지라 들녘도 횡-하니 햇살만 눈부시게 쏟아질 뿐 비어 있다. 그 옛날의 봄과는 너무도 달랐다. 우리가 살 땐 이맘때면 집집마다 가마니를 짜느라 시끄러웠는데 말이다. 올케를 도와 몇 가지 음식을 준비한 우리 자매는 나물을 캐러 들판으로 나갔다. 가뭄 타는 논두렁은 푸석푸석하니 잔디가 다 말라

있었고, 아직 쑥은 캘 정도로 자라지 않았지만 밭두렁에선 나
숭게(냉이)는 캘 수 있었다. 어릴 때의 추억이 되살아나고 잃
었던 이름이 떠오른다. '은순아 쑥 캐러 가자!' 내 또래 친구들
은 '안 은 순'이라고 크레용으로 써 놓은 우리 집 양철대문 앞
에서 늘 그렇게 불렀다. 같이 자란, 또래며 언니 동생들이 보
고 싶어진다.

지금은 어디서 무얼 하며 살까. 대강은 알음알음으로 소식을
들지만 서울에서 자주 만나는 몇 명만 빼고는 20년이 넘도록
못 본 사람도 많다. 또 고향에 가면 돌아가신 부모님의 체취를
마음껏 느낄 수 있어서 좋다. 들판에 서면 아버지 어머니의 냄
새뿐인 내 고향! 들판은 아버지와 어머니의 땅이고 들판이었
다. 소 몰고 밭 갈던 아버지의 허리춤 발깡 동여맨 모습에서부
터 하얀 수건 머리에 쓰고 뙤약볕 내리는 넓은 밭에 마침표처
럼 앉아서 밭을 매던 조용하신 어머니까지 다양한 모습들이 주
마등처럼 스쳐간다. 호강 한번 못시켰기에 마음이 아프지만 가
난 속에서도 10남매를 가르치고 배불리 먹이신 것을 생각하면
절로 고개가 숙여진다.

딸자식을 다 결혼시키고 이제는 아버지처럼 연로하신 오빠
가 아버지처럼 찹쌀이며 떡을 챙겨 주며 어머니 추모일에도 꼭
오라고 하신다. 고향이 있어도 못 가는 실향민들이 생각난다.
소꿉친구 금선이랑 윤금이 생각도 났다. 두 친구는 고향이 그
리워도 갈 일이 없어 가지 못 한다고 했는데 다음에 갈 땐 그
친구들에게 연락하여 같이 가자고 해봐야겠다.(2000. 2)

보리밥

모임에서 봉고차 한 대를 얻어 타고 보리밥을 먹으러 교외로 나갔다. 동네에도 보리밥 집이 있지만 무더운 날씨에 더위도 식힐 겸 바람도 쐬면서 밥을 먹자는 제의에 따라 가게 된 것이다. 양재를 지나 남한산성을 넘어 퇴촌 쪽으로 나가는 풍경은 언제 봐도 좋았다. 사면에 우거진 녹음은 끓는 더위에도 푸르러 마음속까지 시원했다. 우리는 가도 가도 파란 초록의 세계에 감탄하며 나오길 참 잘했다고 서로가 입을 모았다.

보리밥 집은 초록의 숲 한가운데 자리 잡고 있었다. 옆으로 계곡이 흐르고 중부고속도로가 가까운 천혜의 땅에 기와집, 양옥집으로 몇 채의 집을 신축해서 영업을 하는 것 같았다. 마당에 들어서니 벌써 주차장은 만원이었다.

자동차 없이는 올 수 없는 곳인 만큼 서울, 경기도 등 각처에서 보리밥을 먹으러 온 손님들이 타고 온 차들이었다. 안내원은 신속하고 질서 있게 손님을 맞았다. 우리는 안내원을 따라 창가에 자리를 잡았다. 짙은 녹음의 숲을 바라볼 수 있는 자리였다. 계곡을 볼 수 있다면 더 좋았을 것이다.

구수한 된장찌개 냄새가 진동하는 식당에 들어서니 그렇게 늦은 시간도 아니건만 시장기가 팍 들며 배가 고파졌다. 빨리 밥이 먹고 싶어졌다. 일행들도 나처럼 배가 고프다며 밥이 나오기를 조급히 기다렸다. 우리의 그런 마음을 알기라도 한 듯 서빙하는 남녀 직원들은 바쁘게 시원한 음료며 물수건을 가져

오고 곧 반찬이 날라졌다. 고추장, 쌈장, 유기농 쌈거리, 열무 김치, 우렁이 무침, 게 조림, 꽁치구이, 그리고 비빔 재료인 모듬 나물 등 식탁 가득히 맛깔스런 반찬이 놓여졌다. 마지막으로 보리와 쌀이 반반 섞인 보리밥과 그토록 구수한 냄새를 풍기던 된장찌개가 나왔다. 예닐곱 가지의 나물과 열무를 넣고 들기름 한 방울을 떨어뜨린 후 고추장을 넣고 비빈 보리밥은 정말 맛있었다. 오랫동안 잃었던 입맛을 돋우기에 충분했다.

비빈 보리밥에 된장국 한 수저씩 떠먹었으니 고향의 감칠맛 있는 구수한 맛이 그대로 살아났다. 우리는 주어진 한 그릇의 보리밥을 다 먹고도 밥 두 그릇을 더 시켜 배가 부르도록 실컷 나누어 먹고서야 수저를 놓았다. 시골에서 먹던 보리밥에 대한 향수가 저절로 일었다.

보리밥! 그것은 나에게도 향수다. 어린 시절 그렇게 많이 먹었던 보리밥! 날마다 먹는 보리밥이 너무 싫었지만 그래도 먹어야 했던 보리밥이었다. 그래서인지 그때는 하얀 쌀밥을 먹는 집이 제일 부러웠다. 학교 다닐 땐 시커먼 보리밥이 담긴 도시락을 꺼내 놓지 못하여 보자기를 덮어쓰고 먹은 생각도 난다.

그 옛날 보리밥을 부드럽고 차지게 하려면 참 시간이 많이 걸렸다. 지금처럼 보리를 하얗게 찧지 않아서인지 그때는 독에 넣고 박박 갈아서 밥을 했다. 검은 가마솥에 밥을 했는데 초벌 익히기를 하고도 두세 번 더 불을 때서 보리가 쭉 퍼질 때까지 뜸을 들여야 밥맛이 좋았다.

어머니는 꽁보리밥을 하면서도 연로하신 시어머니를 위해 가운데다 쌀 한 줌을 넣어 할머니한테만 쌀밥을 드렸는데 그 하얀 쌀밥이 얼마나 맛있어 보이는지……. 우리는 할머니가 그 쌀밥을 남기기만 기다렸다. 우리의 마음을 아는 할머니는 가끔 밥을 남겼는데 그때마다 우리는 그 밥을 서로 먹으려고 싸우곤 했다. 쌀밥은 반찬이 없어도 꿀맛이었다.

또 하나 잊지 못할 향수라면 무더운 여름에 점심으로 먹던 보리밥이다. 대나무 바구니에 담아 시원하게 걸어두었던 식은 보리밥을 찬물에 말아서 반찬으로는 남새밭에서 금방 따 온 풋고추를 된장에 찍어먹었다. 매운 고추는 아버지와 어머니가 드시고 우리는 연한 고추를 골라서 먹었는데 밥 한 그릇을 다 먹도록 질리지도 않았었다. 그때에 비하면 지금 우리의 식탁은 너무도 풍성하다. 일 년 열두 달 쌀밥만 먹는 것은 물론이고 조석으로 고기와 생선, 그리고 과일이 떨어지지 않을 정도로 우리의 생활은 여유로워졌다. 먹거리가 풍성해지자 우리의 입맛도 변했다. 그토록 맛있던 고기도 맛이 없다고 한다. 웬만큼 해놓는 음식은 식욕을 느끼지 못한다. 그래서 사람들은 이름난 음식을 찾아 자동차를 타고 교외로 나간다.

서울을 빠져나가는 외곽마다 음식점이 늘어나는 이유가 여기에 있다. 보리밥을 먹기 위해서 우리가 자동차를 타고 도시 외곽까지 나오듯이 말이다.

우리 목사님은 아직까지 반찬투정을 하지 않는다고 한다. 지긋지긋하게 가난하게 살던 시절의 배고픔을 생각해서란다. 아무리 반찬이 없다 한들 굶는 것보다 낫기 때문이란다. 눈물의 빵을 먹어보지 못한 사람은 인생을 모른다는 말이 있듯 배고픔을 모르는 사람은 진정한 음식 맛을 안다고 볼 수 없겠다.

오늘은 보리밥으로 인해 정말 행복했다.

한과와 어머니

여전도회에서 불우이웃돕기 기금 마련을 위해 한과판매를 했다. 지방에 있는 개척 교회에서 건축기금을 위해 성도들이 직접 만들어 판매한다며 팔아달라고 하여 돕자는 차원에서 사업을 하게 된 것이다. 설날이 얼마 안 남아서인지 한과는 예상 외로 잘 나갔다.

심야 찬양기도시간에 맞추어 가져온 한과는 예배 시작 전에다 팔리어 한과를 더 구하고자 하는 사람들을 위해 재주문을 해야 했다. 물론 재주문한 것도 어렵지 않게 팔렸다. 값도 저렴하고 선물하기에 좋기도 했지만 무엇보다 한과의 맛이 좋다는 평을 받은 때문이다. 모처럼 시작한 사업이 잘되어 기쁘다.

언제부턴가 우리는 한과를 많이 먹지 않는다. 슈퍼 같은 데서 쉽게 구할 수 없기도 하지만 양과에 길들여진 아이들이 잘 찾지 않는 탓도 있다. 그나마 귀하게 만날 수 있다면 명절에 백화점에서 선물용으로나 팔리는 고급화된 것들이다. 자연스럽게 우리 서민은 한과 대하기가 더 어려워진 것이다. 그런데 싸고 포장이 잘 된 한과를 백 상자도 넘게 팔았으니 우선은 개척 교회를 도와서 감사하고 우리 전도회의 기금을 조금이나마 마련하게 돼서 좋았다.

설날이면 일주일 전부터 설 준비를 하던 우리 집 풍경이 생각난다. 우리 집은 큰집이어서 손님을 많이 치렀다. 그 때문에 어머니는 며칠 전부터 설 준비로 밤을 지새웠다. 한과를 만들기 때문이다. 설날만 되면 할머니와 어머니는 한과를 만드시느라 손은 물론 얼굴과 옷에 쌀가루로 허옇게 분칠이 되어 가지고 과자 만드는 일에 전념했다. 뜨끈뜨끈하게 달궈진 안방에 앉아 쌀 반죽을 손으로 얇게 펴서 방바닥에 펴놓고 밤을 새워 가며 말리셨다. 바짝 말린 쌀 반죽은 달궈진 자갈돌 위에 놓으면 손바닥 만하게 부풀었다. 고르게 잘 부풀수록 살살 녹는 연한 맛이 되었다. 그래서 이 과정에 들어서면 아버지까지 가세하여 가마솥 옆에 온 가족이 모여 서로 맛을 보곤 했다.

　정성을 다해 부풀려 내던 할머니와 어머니의 모습은 의식을 치르듯 진지했던 것 같다. 그러나 철없는 우리는 먹기에만 급급했었다. 과자에 가끔 붙어있는 검은 돌멩이를 떼어가며, 뜨겁다고 이리저리 돌려 잡으며 먹고 또 먹었다. 그래서 정작 조청을 발라 하얀 쌀 튀밥을 뿌려 보기 좋게 한과를 완성했을 때는 배가 너무 불러 먹지를 못했다.

　어릴 때 어머니가 만든 넓적한 한과의 이름은 '부수개'라고 했다. 어머니는 부수개 말고도 다른 한과도 만들었는데 쌀강정, 깨강정, 콩강정 따위였다. 튀기거나 볶은 것을 엿과 비벼서 굳게 한 다음 칼로 자르면 됐다. 보기에 참 쉬워 보였다. 그러나 그것도 만드는 비법이 있는지 언젠가 깨강정을 만들었는데 모양새가 나오지 않아 망친 적이 있다. 여기까지 쓰고 나니 일만 하다 돌아가신 어머니가 그리워진다.

　때때옷 해 입고 세배하려 다니던 그 시절 설날보다 더 큰 명절은 없었다. 가까운 친척은 물론 먼 집안 친척까지 오고 가는 등 며칠 전부터 바쁘고 분주하던 설날. 그 날을 위해 일주일 전부터 잠을 못 자고 일하시던 어머니, 어머니의 그 수고가 있었기에 설날 명절이 즐거웠음을 그때는 몰랐다. 우리 집은 할머니가 계셔서인지 설날이면 해가 뜨기도 전에 세배꾼들이 몰려오기 시작해서 저녁까지 손님들이 왔다.

그때마다 어머니는 음식상을 차려 내놓느라 방에 들어와 앉는 법이 없었다. 그 시대의 어머니들이라면 어느 집이나 그랬겠지만 우리 어머니의 노고는 더 컸음을 생각해 본다. 동네 아주머니들이 꼽추 춤을 추며 노는 자리에 어머니가 끼인 것을 본 적이 없었으니까. 대가족에다 큰집이었으니 오죽했을까. 그때는 친척들이 오면 며칠이고 묵다 갔으니 지척에 친정이 있어도 갈 수도 없었으리라. 그래도 어머니는 불평 한번 하는 걸 못 보았다.

묵묵히 서두름도 없이 어머니는 쓸고 닦고 만들고, 씻고 했다. 설날이 돼도 일가친척이 모이기 힘든 요즘, 그래서 줄서서 세배 다니는 모습을 보기 힘든 요즘, 한과의 추억에 내 마음이 진지해짐을 느껴본다.

고구마

겨울에 거리에서 군고구마 익는 냄새가 날 때면 구수한 고구
마 생각이 나며 먹고 싶어진다. 오늘도 어디선지 고구마 익는
냄새에 고향 집에서 먹던 고구마를 떠올리며 침을 삼킨다.

우리 고향 집은 고구마를 참 많이 수확했다. 그리고 그 많은
고구마를 거의 다 우리 식구가 먹어치웠다. 그때만 해도 고구
마를 찾는 사람이 적었는지 시세가 안 좋아 파는 것보다 먹는
것이 더 이익이어서 그랬는지도 모르겠다. 어쨌든 우리는 겨우
내 고구마를 먹었다. 우리 고구마는 물고구마였다. 단단하지
않고 물기가 많다고 해서 그렇게 부른다. 우리 집 물고구마는
생긴 것도 못 생겨 어린애 베개만큼이나 큰 것이 죽죽 골을 파
놓은 듯 벌어지고 울퉁불퉁 희끄무레 하니 보기에도 맛이 없어
보였다.

그래서 우리들은 다른 집처럼 밤고구마를 심자고 졸라댄 적
도 있다. 부모님은 우리의 원하는 대로 먹기 좋고 단단한 밤고
구마를 경작하고 싶어 종자를 바꿔 보기도 했지만 우리 밭은
토양이 걸어서 종자를 바꿔도 소용이 없었다. 우리는 가을이면
밑이 잘 들어 호박만큼이나 큰 고구마를 캐어 굴에 넣어두고도
모자라 윗방에 탑을 누려서 저장했다. 윗방에서 자던 우리는
방을 반이나 차지하고 있는 고구마 탑 때문에 그것을 다 먹을
때까지 비좁게 살아야 했다.

아버지는 고구마가 썩지 않도록 정성껏 간수했다. 그리고 양
식으로 겨우내 고구마를 먹였다. 우리는 고구마를 가마솥에 쪄
먹기도 하고 생으로 깎아 먹기도 하고 튀겨 먹기도 했다. 고구
마가 있는 한 우리 집 점심밥은 없었다. 고구마로 때우는 점심
은 겨울이 지나고 봄이 지나도록 계속되었다. 어쩌다 아침에
남은 밥이 있으면 그 밥 한 숟갈과 소쿠리 가득 삶은 고구마로
점심을 때웠다. 배고픔을 참고 학교에서 돌아와 가마솥 뚜껑을
열면 흰밥이 아닌 시커먼 고구마밖에 없으면 얼마나 허탈하던
지. 고구마를 안 먹겠다며 밥 달라고 참 많이도 울었던 기억이
난다.

몇 해 전부터 고구마가 몸에 좋다면서 고구마를 먹는 집이
늘었다. 우리 집도 그 중의 한 집이다. 대장암 수술을 한 남편
은 고구마를 몇 년째 먹고 있다. 고구마를 구하기 어려운 오뉴
월에도 대여섯 개씩 담은 봉지의 고구마를 비싼 값에 사 먹을
정도다. 고구마가 대장에 좋다는 것을 안 뒤로 고구마는 우리
집의 필수 식품이 되었다. 걸핏하면 변비가 있는 내게도 고구
마는 좋은 것 같았다.

그런데 문제는 고구마 값이다. 고구마가 건강에 좋다는 소문
이 건강상식이 된 요즘 고구마 값이 천정부지로 치솟고 있으니
말이다. 대형 마트에서 10킬로그램 쌀이 삼만 오천 원인데 고
구마가 5만 원을 넘는 때도 있다. 쌀보다도 고구마가 대우를
받는 세상이 된 것이다. 그토록 지천으로 쌓여 고구마만 보면
먹기 싫다고 울었는데, 그 고구마가 쌀보다 비싼 시대가 온 것
이 내게는 그다지 반갑지만은 않다.

　토질이 너무 걸어서 밤고구마를 심어도 물고구마가 되던 우리 집의 그 밭이 지금은 우리 밭이 아닌 것도 그렇고, 아무리 비싸도 고구마를 먹지 않으면 안 될 만큼 우리의 몸이 안 좋은 것도 그렇다.

　그래도 우리 집의 호박 만하던 물고구마는 겨울을 지나고 봄이 오면 밤고구마보다 달고 맛있었다. 매주 쑬 때 가마솥에서 푹 삶아진 콩물이 배인, 그래서 노랗다 못해 벌개진 고구마 맛은 정말 꿀맛이었다. 온 가족이 콩물이 흠뻑 배인 뜨거운 고구마를 열무김치를 얹어서 배가 부르게 먹곤 했으니까. 평소에 고구마를 좋아하지 않던 나도 콩 삶을 때 같이 찐 고구마는 맛있게 먹은 기억이 난다.

　고구마 값이 최고가로 오르는 오뉴월이 되었다. 그 동안 사 둔 고구마를 다 먹은지라 마트에 가서 값을 물으니 10킬로 짜리 한 상자 값이 칠만 원이란다. 그러면서 상자로 사지 말고 봉지 것을 사라고 권한다. 날씨가 더워지는 때여서 많이 사 가봤자 먹기 전에 썩어 버린단다. 할 수 없이 두 봉지를 사다가 솥에 쪄서 접시에 담으니 한 접시밖에 안 된다. 웃음이 나왔다.

　세상이 너무 변했다지만 새삼스레 많은 생각을 하게 했다. 공부 잘 한다고 소문났던, 그래서 그 부모는 자식 자랑에 침이 마르던 수재는 고시원에서 몇 년째 누렇게 뜬 얼굴로 썩고 있는가 하면 공부는 뒷전이고 그래서 고등학교밖에 못 나온 말썽

꾸러기 아들은 집짓는 법을 배워 건축사장이 되더니 돈을 많이 벌어 외제차를 타고 다니는 것도 그렇다. 세상을 사는 이치가 고구마를 통해 엿보인다.

잘 난 사람 못 난 사람이 따로 있는 것이 아니다. 그때그때 변화하는 사회의 필요에 따라 우리 인생의 그라프는 상한가를 치기도 하고 하한가를 치기도 한다는 것을.

여섯 살이 되도록 한글공부는 물론 영어공부도 안 가르치고 피아노도 안 가르치는 외손녀를 보며 걱정하지 말라고 하는 것도 이 때문이다. 어학연수 행렬이 줄을 잇는 이때 어려서부터 영어공부 안 하면 안 될 것 같고, 다른 애들한테 뒤져도 한참 뒤질 것 같아도 우리 외손녀가 취직 할 나이가 되었을 땐 어떤 것이 선망의 직업이 되고 돈이 되는 직업이 될지는 아무도 모르기 때문이다.

우리 어릴 때 팔아먹지도 못하던 고구마가 요즘엔 쌀보다 귀한 대접을 받듯 세계의 말인 영어가 무용지물이 안 된다는 법도 없으니까. 문득 교회에서 자주 듣는 말씀이 생각난다. 썩어질 것은 모두 변한다. 오직 변하지 않는 것은 하나님의 사랑뿐이다. 헛되고 헛되니 세상의 모든 것이 다 헛되다. 잠언의 말씀을 오늘도 마음에 새긴다.(2011. 4)

누렁이

지난 가을 중개(犬)한 마리를 얻었다. 노란털이 유난히 반들 거리는 탐스러운 개다. 이름은 누렁이라고 했다. 처음 우리 집에 온 누렁이는 낯을 가리듯 가족을 따르지 않았다. 데리고 온 남편에게만 의지한 채 먹이를 먹을 뿐 다른 사람의 관심엔 경계하듯 컹컹 짖으며 엉덩이에 꼬리를 딱 붙인다. 모든 것이 낯설고 겁이 난 모양이다.

누렁이는 하루하루 지나는 동안 가족을 알아보았다. 외출에서 돌아오는 가족을 보면 이리 뛰고 저리 뛰며 꼬리가 떨어져라 흔들기 시작했다. 아이들은 그런 누렁이를 끔찍이 사랑했다. 학교에서 돌아오면 제일 먼저 누렁이를 껴안고 털을 쓸어주고 과자나 빵은 꼭 누렁이와 나눠 먹는다.

누렁이는 온 가족의 관심 속에서 하루가 다르게 잘 자랐다. 실내에 들여놓을 수 없는 추운 겨울에 몇 번쯤 감기에 걸리는 듯했지만 곧 회복되었고, 봄이 되자 털갈이를 하며 윤기 나는 새 털로 한층 의젓해졌다. 오가는 동네 사람들은 누렁이의 의젓한 모습이 잘생겼다고 한다. 훤칠하지는 못해도 늠름한 자태와 노란 털의 윤기 때문이다.

아들 녀석은 누렁이가 진돗개가 아니냐면서 그림책 속에 나와 있는 진돗개의 사진과 누렁이를 비교해 보기도 했다. 그러나 그것은 아들놈의 바람일 뿐 누렁이는 순수한 한국산 잡종이

었다. 동네 개들과 길에서 만나면 꼬리를 붙이고 뒤로 물러서
는 겁쟁이였다. 가끔은 낯선 사람은 물론 한 집에 세사는 할머
니까지 알아보는 것을 보면 누렁이가 진돗개의 잡종일지도 모
른다는 생각이 들기도 한다.

　누렁이는 우리 집에 온 지 육칠 개월쯤 되자 암내가 났다.
배란기를 맞은 것이다. 알 수 없는 핏방울이 여기저기에 떨어
졌기에 의아해 하자 남편은 누렁이가 암내 난 거라며 이제부턴
누렁이를 풀어 주어서는 안 된단다. 암내 난 개는 수캐를 찾아
도망가는 일이 있다는 것이다.
　그러나 아침이면 바람을 쏘여 온지라 누렁이는 우리 식구가
일어나기도 전에 풀어 달라고 짖어대어서, 남편의 당부도 잊은
채 누렁이를 풀어 주곤 했다. 그러면 누렁이는 바람처럼 달려
나가곤 했는데 아침상이 들어갈 때쯤이면 어김없이 들어와서
제 몫의 먹이를 먹어 치우곤 했었다. 암내 난 개라고 특별히
단속할 생각을 못했다. 그런데 누렁이가 없어졌다. 새벽에 나
간 누렁이가 돌아오지 않았다.
　며칠이 지나면 오겠지, 하고 밤에도 문을 열어 둔 채 기다렸
지만 헛수고다. 언젠가도 누렁이가 안 들어온 일이 있었는데
하루 만에 돌아왔었다. 그런데 이번에는 삼일, 아니 일주일이
지나도 누렁이는 오지 않았다. 아이들은 학교에서 오면 친구들
과 함께 누렁이를 찾겠다고 조를 짜서 온 동네를 수색하는 등
제법 탐정가 흉내를 냈지만 돌아오는 발걸음은 언제나 힘이 없
다. 사람들은 누렁이를 개 도둑이 잡아 갔을 거라면서 찾기를
포기하라 했다.

그러나 우리 가족은 누렁이가 개 도둑에게 잡혀서 보신탕집에 팔리는 걸 바라지 않는 만치, 누렁이가 어딘가에 있는 멋진 수캐를 따라 밀월여행을 갔을 거라면서 돌아올 것을 믿었다. 누렁이가 나간 지 석 달이 넘었건만 우리 가족은 누렁이를 기다리고 있다. 일 년 만에도 찾아오는 개가 있다는 말을 들었기 때문이다.

오늘도 나와 딸은 대문 앞에 서 있는 커다란 누렁개 때문에 놀랐다. 날렵한 체구에 밝은 노랑색이던 누렁이에 비해 조금 비대하고 짙은 노랑인 점이 다를 뿐 머리 모양이며 눈매가 누렁이와 흡사했기 때문이다. 나는 너무 기뻐서 새주인 소년이 골목에 서 있건만 "누렁아! 누렁아!" 하고 불러 보았다.

언젠가도 누렁이처럼 생긴 개를 길에서 보고도 그냥 온 것을 후회해 오던 터라 진짜 우리 개라면 지난날의 주인을 알아 볼 것 같았기 때문이다. 그러나 그 개는 몇 번 돌아볼 뿐 가버렸다. 왠지 우리 누렁이가 아닌 것이 서운했다.

딸아이도 무척 실망한 얼굴이다. 축 늘어진 젖으로 보아 그동안 새끼를 낳았기 때문에 옛 주인이 불러도 못들은 척 새끼한테 돌아가는 것이 아닌가 싶기만 했다. 문득 자식 잃은 어미의 마음이 오죽하랴 싶었다. 하찮은 동물에 지나지 않는 개를 잃고도 정들여 길렀다는 이유로 못 잊어 하는데, 피를 나눈 자식을 잃고 죽는 날까지 눈물로 사는 어머니인들 얼마나 고통스러울까 생각해 본다.

대 문

콰당 콰당 콰다당!

우리 집 대문 소리가 이렇게 요란하게 울리며 열릴 때면 딸이 학교에서 돌아옴을 알게 된다. 이십여 년 풍설에 낡을 대로 낡은 대문은 돌쩌귀가 떨어져서 노끈으로 동여매 놓은 것이 말이 대문이지 기운 센 남자의 한 주먹에 나자빠질 것 같다.

그런데도 철 대문이라고 10살 난 딸이 몇 번씩 발길질을 해야 열리곤 한다. 난 딸의 '학교 다녀왔습니다.'란 인사를 반갑게 맞는다. 그것은 딸의 거친 태도가 사랑스러워서도 아니요, 대문 소리가 좋아서는 더더욱 아니다. 다만 지난 날 셋방살이 하던 때 학교에서 돌아온 아이가 주인집의 인터폰 대신 대문을 두들기다 곧잘 혼나던 일이 생각나서다.

지금은 집을 지을 때 세입자용으로 쪽문을 만들기도 하지만 내가 셋방살이 하던 집은 큰 대문을 주인집과 같이 사용하였는데 불편이 이만저만이 아니었다. 인터폰 시설이 되어 있어, 집안에서 대문을 열 수도 있지만 깐깐한 주인은 대문을 열어 주는 번거로움을 좋아하지 않았다. 그래서 온 가족이 외출했다가 늦은 밤에 들어올 때면 인터폰을 하지 않고 담을 넘곤 했는데, 그 때마다 주인집에서는 도둑처럼 담을 넘는다고 싫은 소릴 했다. 그 뿐인가, 철없는 어린것들은 걸핏하면 대문을 열고 밖으로 나가곤 했는데, 그 때마다 주인집에서 대문이 열렸다고 성화였다.

유별나게 폐쇄적이던 안주인은 동네 사람과 인사조차 하지 않는 편이었는데 시도 때도 없이 대문이 열리니 짜증이 날만도 했다. 때문에 아이들이 나가 놀고 싶어 할 때면 대문에 여간 신경이 쓰이는 것이 아니었다. 아이가 나가면 따라가서 대문 단속을 해야 했다. 아이가 들어오겠다고 주인집 인터폰을 누르기 전에 낌새만으로 뛰어나가 대문을 따야 하기 때문이다.

그러나 이런 조심도 내가 집안에 있을 때이지 시장에 간다든가 외출을 할 때면 우리 아이들의 불편함은 더 심해졌다. 엄마가 없으니 더 들락거렸을 것이니 상상이 간다. 주인집에서는 풀어 놓은 강아지만큼이나 안팎으로 들락거리는 셋방 집 아이들 때문에 수없이 대문을 열어 수어야 하는 고통을 겪는 나머지 아이들한테 호통도 치는 모양이다.

특히 대문을 활짝 열어 놓아서 야단을 자주 맞았는지, 오두막이나마 내 집이라고 장만해 오자, 큰 녀석이 대뜸 한다는 말이, "엄마 대문 우리 것이니까 셋방 할머니한테 대문 꼭꼭 닫으세요"라고 말하란다. 세 살던 집에서 곧잘 듣던 말을 반대로 하게 된 것에 우월감을 느낀 모양이다. 그 때 내 마음은 형언할 수 없게 복잡했다.

우리가 이사 오던 날도 아이들이 가지고 놀던 장대 하나 때문에 몇 마디의 잔소리를 들은 것이 생각났다. 한 사람 겨우 들어 갈 정도로 좁은 모퉁이를 끼고 드나들어야 했던 셋방이었으니 아이가 집 안에서 놀고 싶어도 놀지 못하고 밖으로만 내달았던 것인데 대문 때문에 어린 마음에 남아 있는 그늘의 흔적을 보는 것 같았다.

그래서인지 나는 내 집 대문이 열리든 닫히든 신경 쓰지 않기로 했다. 가끔씩 와서 며칠씩 머물다 가는 할머니네 손자들이 유난히 대문을 열고 닫는가 하면 아예 대문을 잡고 놀아도 내버려 뒀다. 그러자 어느새 우리 집은 동네 마당이 되어 갔다. 아이들 친구는 물론 골목의 형들까지도 기웃대는 집이 되었고, 심지어는 누렁이 검둥이 고양이까지 들락거리는 혼란의 출입구가 되었다.

자연 나의 신경이 곤두섰다. 나는 외출에서 돌아와 난장판이 되어버린 집 안을 보고 참았던 화를 터트리지 않을 수 없게 되고 말았다. 세 사는 할머니까지 집안에 동네아이들이 모여 들어서 못 살겠다고 하소연한다. 그러나 이 모든 것보다 더 참기 힘든 것은 열린 대문으로 수시로 들어오는 잡상인이나 책판매원들, 그리고 종교단체의 전도자들이다. 그들은 일단 들어오면 끝장을 낼 심사로 찰싹 눌러 붙었다. 그 때마다 차가운 응대로 내보내야 하는 것도 신경 쓰였다.

무방비로 열었던 대문을 닫아 놓고 출입 제한을 한 지도 몇 년이 되나 보다. 그리고 언제부턴지 나도 예전의 주인처럼 대문이 열리는 걸 가장 싫어하는 안주인이 되어 있다. 예전 주인이 그랬던 것처럼. 그래서 개구리 올챙이 적 생각 못한다는 말이 있나 보다.(1989)

무밥

　지난해처럼 채소 값이 폭락한 때가 있을까. 처음으로 부담 없이 김장을 했으니까. 해마다 배추가 싸면 고춧가루가 비싸고, 고춧가루가 싸면 배추 값이 올라 김장에 신경이 쓰이곤 했는데 지난 김장은 배추나 무값이 최저 백 원까지 떨어져 월동 준비를 적은 돈으로 만반하게 할 수 있었다.

　겨울 야채는 언제나 비싼 것이 상례이고 보니 가난한 서민의 형편으론 김치를 많이 담가야만 겨울을 무사히 넘길 수 있기 때문이다.

　우리 집은 4식구건만 배추 사십 포기에 동치미국을 한 항아리 담아 땅에 단단히 묻어 두고도 무를 한 자루나 사두었다. 그리고 혹독한 겨울 추위를 기다렸다. 그런데 웬걸, 입동 추위의 기세와는 달리 올 겨울같이 또한 따뜻할까?

　동장군은 12월이 다 지나도록 오지 않고 가득가득 채워둔 김장항아리마다 김치 시어 가는 냄새로 비상이 걸렸다. 신 김치를 못 먹는 가족들은 매일같이 원수라도 갚듯 김치만 먹었다. 지지고 볶고 끓이는 등 김치반찬만 먹다 보니 한 자루나 되는 무는 먹지를 않아서 그대로 남았다. 무를 볼 때마다 그냥 버리는 것 같아 아까운 마음이 들었다. 어떻게 먹지? 이럴 때 무밥 생각을 하게 됐다.

　어릴 때 먹던 무밥! 생각만 해도 지겹던 무밥! 우리 집은 대

가족으로 입은 많고 양식은 늘 모자랐다. 어린 내가 볼 땐 가을이면 곳간이 꽉 차도록 나락을 들이고도 원두막 같은 벼탑(나락탑)을 마당 한가운데 누려 놓는 등 집 안이 온통 나락으로 가득 차 있는 것 같은데 우리 집은 겨울이면 초입부터 무밥을 해먹는 것이었다.

대청마루엔 비닐포대마다 잘 씻어서 물기 뺀 무를 가득가득 담아 두었는데 며칠이 못 가 그 많은 무를 다 먹었다. 이 때마다 어린 난 먹기 싫은 무 다 먹었으니 쌀밥만 먹겠구나 하고 좋아했는데 이건 나의 착각일 뿐, 알뜰살뜰 하고 규모가 깊은 우리 어머니는 벌써 앞 남새밭에도 무덤 같은 짚더미 속에 무를 수북이 묻어 놓고 있어서 겨울이 다 가도록 무밥을 먹어야 했다.

가끔씩 밥에서 굵게 채 친 무 줄기가 나오면 먹기 싫다고 울상을 짓곤 했는데 그때마다 어머니는 "그래도 무밥은 양반이다. 밀피죽만 끓여 먹지 않는 것만도 고마운 일이지." 하며 무 줄기를 건져 가곤 하시었다.

얼마나 지겹게 먹어야 했던 무밥이던가. 그런데 그 무밥으로 양식을 늘려 먹자는 묘안이 떠오른 것이다. 정말 생활의 의지 앞에선 입에 맞는 떡만 찾지 않는 강인함이 누구에게나 있나 보다. 그 옛날 어머니의 생활태도를 조금이나마 본받는다는 의미에서도 내 결심은 즐겁기까지 했다.

가을 내 거두어들인 곡식으로 집안은 온통 풍요로운 것 같은데도 쪼개고 아끼고 절약하며 살았기에 십남매나 되는 자녀를 키우고 가르치며 여의 살이까지 다 마칠 수 있었던 것이 아닌가?

문득 어머니에 대한 고마움과 연민으로 가슴이 뭉클해진다.

무밥은 무에서 나올 물기를 예상하여 물을 적게 붓고 지어야 제대로 된다는 것을 익히 알고 잇는 터라, 무 한 개를 물이라고 생각하여 물량을 조절하여 밥을 지었더니 적당히 질편한 무밥이 되었다.

물컹하면서도 부드러운 느낌의 무밥 냄새는 무 특유의 매캐하면서도 달큰한 맛이 그 옛날 먹던 무밥 냄새와 같았다. 얼른 먹고 싶진 않았지만 어린 시절로 돌아간 듯한 정다움과 그리움이 물씬 풍겨왔다.

아이늘은 저음 보는 무밥에 호기심을 삿고 어서 먹사고 밥을 비비는 중에도 재촉이 성화다. 깨소금과 참기름을 듬뿍 친 양념장 냄새는 달큰 매캐한 무밥과 어우러져서 어느새 먹음직스런 음식이 되었다.

뜨거운 김이 모락모락 오르는 막 비빈 무밥은 순식간에 바닥이 났다. 역시 시골출생으로 무밥에 진력이 난 남편은 무밥을 하겠다는 나의 제의에 혼자나 먹으라면서 찬밥 덴 것을 찾았지만 코끝에 땀방울까지 맺히면서 맛있게 먹는 아이들의 식욕을 보더니 "맛있어 보이는데!" 하며 슬그머니 수저를 내밀더니 결국 무밥으로 식사를 마치었다.

이 날 이후로 난 가끔 무밥을 해 먹기로 했다. 옛날과는 달리 지금의 무밥은 별미가 아닌가? 값싸고도 몸에 좋기로는 배추보다 좋아 위의 기능을 좋게 한다지 않던가. 생각보다 맛있는 무밥을 먹어 본 가족은 앞으로도 가끔 가난한 시절에 먹었

던 무밥을 시발로 하여 콩나물밥 시래기밥 냉이죽도 해먹기로
했다. 다행스런 것은 밥만 보면 뒷걸음질 치던 아이들이 별미
라는 말에 손뼉을 치며 좋아해 주었다는 점이다.

IV.

걸어온 길 가야 할 길

보톡스 어디서 했어요

떡 방앗간 앞에 서 있는 여자들 중에 한 여자가 문득 묻는다. 보톡스 어디서 했어요? 얼굴이 달라졌어요. 했다. 보톡스를 했냐고 묻는 것도 아니고 대뜸 어디서 했는가고 묻는 것으로 보아 내가 보톡스를 했다는 전제하에 묻는 거였으니 놀라지 않을 수 없었다.

그렇지 않아도 언젠가 교회에서 어느 권사님이 보톡스를 왜 했냐고 해서 아니라고 하자 자기 눈은 못 속인다는 듯 고개를 살래살래 흔들면서 내 말을 믿지 않아 은근히 속이 상했는데 또 오해를 받는 것이다. 그 날 나는 보톡스의 보자도 모른다며 통통하다 못해 팽팽한 내 얼굴을 만져보게 하는 등 쇼를 해야 했다.

언제부턴가 우리나라는 성형천국이 되었다. 눈 쌍꺼풀 수술이나 치아 교정은 기본이고 코 성형에 섹시한 입술까지 못 고치는 것이 없게 됐다. 그래서 거리에는 성형미인들이 넘쳐난다. 사람들은 진짜와 가짜를 구별하기 어려운 세상에서 많이 헷갈려 하는 것 같다. 조금만 변했다 하면 엉뚱하게도 성형으로 몰고 가는 경향이 생기는 것도 이 때문일 거다.

그런데 내가 그런 오해를 받을 줄이야. 몇 해 전 처진 눈꺼풀과 위아래 이가 맞지 않아 치아 교정을 한 일이 있다. 그러나 이 지면을 통해 말하지만 얼굴엔 절대 보톡스 안 했다는 것

이다. 오히려 통통한 얼굴이 스트레스임을 말해야겠다. 앞으로
돌출한 광대뼈 때문에 체중이 늘었다 하면 얼굴부터 탱탱하게
부어오르는 동그란 내 얼굴이 얼마나 스트레스였던가.

　또 있다. 내 머리를 보는 사람마다 가발을 하고 다니는 것으
로 안다. 머리숱이 많아서 미장원에 갈 때마다 숱아내지만 파
마머리가 조금만 자라면 벌써 수북하게 올라와 내가 봐도 가발
을 한 것 같아서다. 나를 오래 전부터 아는 사람들은 숱 많은
내 머리칼을 알고 있지만 그렇지 않은 사람들은 머리칼을 잡아
당겨 보고서야 믿으니 답답한 일이다.
　나를 모르는 사람들은 나의 풍성한 머리칼을 보며 이 더운
날 가발을 하고 다닌다고 할 것이니 말이다. 그렇다고 머리에
가발 아니라고 써 붙일 수도 없고 일일이 오해를 풀 수도 없음
이 안타깝다.

　그러나 오해로 인한 스트레스는 잠시, 요즘 나는 창조주께
많이 감사하고 있다. 볼 살이 많은 것을 감사하고 숱 많은 머
리칼을 감사한다. 한때는 내 신체 중 가장 스트레스였던 것들
이 나이 들고 늙어가는 때에 감사로 바뀌었으니 세상은 오래
살고 볼 일이다.

　글 모임 단체 여행길에서도 모임의 회장님은 숱 많은 내 머
리칼이 가발이 아님을 알아보기 위해 직접 머리칼을 잡아 당겨
보았다. 그리고는 이렇게 숱이 많으니 얼마나 좋으냐며 감탄을
했다. 이왕에 나에 대해 말을 했으니 또 하나를 더 말할까 보

다. 바로 히프와 튼튼한 하체다. 상체에 비해 하체가 튼튼한 것도 학창시절엔 얼마나 스트레스였는지 모른다. 교복을 입고 죽 서 있으면 치마 밑으로 뻗어 내린 종아리가 왜무처럼 길쭉해야 보기가 좋은데 내 종아리는 통통한 것이 커다란 조선무우 같았다. 더구나 이십 리 길을 통학을 한 때도 있었으니 나의 두 다리는 몽둥이나 다름없게 튼튼해졌다.

  그래서인지 나이가 든 지금까지도 나의 하체는 건강체로 예전과 변함이 별로 없다. 그러나 그때는 몽둥이 같은 두 다리가 얼마나 창피했던지 치마를 되도록 길게 내려 입었던 기억이 난다.

  이렇듯 젊었을 때는 나의 핸디캡이자 스트레스였던 외양이 60대에 와서 성형으로 오해받고 있으니 이제는 오해마저도 감사해야 할 것 같다. 보톡스는 아무나 하는가. 돈이 있어야 보톡스도 하는 것이니 만큼 부티가 난다는 뜻으로 좋게 풀이해야겠다. 그리고 누가 보톡스 했냐고 하면 하나님이 해줬다고 인정해야 할까 보다.

  나이 60이 넘었음에도 통통한 볼과 풍성한 머리칼에 튼튼한 하체를 갖고 있는, 그래서 50대로 보이는 것을 제3자는 성형 탓으로 믿고 싶을 테니 말이다. 굳이 아니라고 변명을 하느라 입에 거품을 물고 구차한 설명을 했던 것들이 새삼 우습다는 생각이 든 날이다.(2012. 10)

발성 연습

수년 간 찬양대에서 알토를 했다. 찬양을 하는 것이 어떤 봉사보다도 행복해서다. 아름다운 선율에 맞춰 하나님을 찬양하고 주님께 영광 돌리는 것도 좋지만 그 때마다 내 마음에 차오르는 감사와 기쁨 때문이다. 그래서인지 하나님이 오라 할 때까지는 평생 찬양대에서 봉사하고 싶었다.

그런데 몇 년 전부터 찬양대를 그만 두었다. 목소리가 안 나와서다. 병원에 가니 역류성 위염으로 인한 질병으로 목에 물혹이 꽉 차서 소리를 낼 수 있는 기능이 막혀 있다는 것이다. 일 년 동안 음성치료서부터 축농증과 기관지염 치료까지 받았다. 다행히도 치료가 잘 되어 목소리가 돌아왔다. 그러나 애초의 목소리는 아니었다. 원래도 맑고 꾀꼬리 같은 목소리는 아니지만 언제나 감기든 듯이 허스키하지는 않았다.

그런데 거의 매일 목소리는 거친 허스키에다 강약음 조절이 안 되고 물 없이는 말을 할 수가 없게 됐다. 그 뿐인가. 몸이 피곤할 때면 말을 하는 것이 고통이 되고 전화통화마저도 힘들었다. 그러니 노래는 강 건너 간 머나먼 이야기가 되고 말았다. 그런 지가 사 년 째인가 보다.

요즘 아침마다 관악산으로 산책을 나간다. 같이 다니던 권사님께서 투병중이어서 혼자 다니는데 여간 적적하지가 않다. 집

에서부터 걸어 다녔는데 혼자서 관악산 입구까지 걷는 것이 혼
자서 가려니 심심하기도 하고 걸음걸이도 힘들었다. 그래서 요
즘은 자동차를 타고 산 입구까지 가서 그곳에서부터 걷는다.
말동무가 없으니 스마트폰에 다운받아 놓은 가스펠송을 들으며
걷는다. 음악을 들으니 한결 걷기가 쉽다. 걸음걸이도 음악에
맞춰 걸으니 경쾌하다. 제1광장을 지나고 제2광장을 지나 산
속을 걷다 보면 한 모금 샘(내가 명명한 이름임)이 나온다. 나
의 산책은 여기까지다. 권사님하고 항상 여기까지만 와서인지
더 걷기가 싫다.

　뒤돌아올 때는 다른 길로 해서 내려오는데 이때쯤이면 스마
트폰에서 내가 잘 아는 가스펠 송이 나온다. <사랑은 오래 참
고> <힘들고 지쳐> 특히 내가 좋아하는 송명희 씨의 <나 가진
것은 없으나>가 나온다. 가스펠송 가수의 감성 넘치는 음성을
듣노라면 따라서 노래를 하고 싶다. 그런데 목소리가 영 나오
지 않는다. 부르고 싶은 노래를 할 수 없다는 것이 얼마나 애
석한지 모른다.
　어느 날은 노래가 너무 하고 싶어서 울었다. 하나님, 나에게
노래할 수 있게 해주세요. 걸으면서 기도했다. 기도하면 다 들
어주시잖아. 마음속에서 울리는 소리를 들었다. 그래 기도해
보자 기도하면 안 될 일이 없잖은가. 말할 수 있으면 노래도
할 수 있는 거 아닌가. 그 동안 아픈 목을 고쳐 달라는 기도는
했지만 찬양을 할 수 있도록 성대를 고쳐달라는 기도는 안 했
다는 생각이 들었다.
　그 날부터 생각 날 때마다 노래할 수 있게 해달라고 기도했

다. 아무도 없는 숲 속에 서서 발성연습을 했다. 아아아 오오
- 우우- 학교 다닐 때 강당에서 발성연습을 하는 성악지망생들
을 많이 보았던 것을 생각하며 배에 힘을 주고 연습을 했다.
높은 음에서 매 번 걸렸지만 정확한 발성법을 찾으려고 노력하
며 연습을 했다.

배는 악기다. 배에 공기를 맘껏 흡입한 후 호흡을 조절하며
노래를 해야 한다. 내가 알고 있는 발성법을 있는 대로 생각하
며 연습을 하고 또 했다. 그러자 고음이 잠깐 나왔다. 그 토록
내기 힘들던 고음이, 무엇에 눌린 것 같은 가늘고 납작한 고음
이지만 분명히 발성되었다. 희망이 보였다. 나는 내친 김에 내
가 알고 있는 노래를 이것저것 불러 봤다.

등산객들이 올라오는 소리가 나면 멈추었다가 아무도 올라
오는 사람이 없으면 연습하기를 사오 분 한 것 같다. 좋은 공
기 속에서 하니 걸핏하면 고장이 잘 나는 기관지염 걱정도 하
지 않고 노래를 했다. 기분이 정말 상쾌했다. 마음속에 엉켜
있던 소리가 다 빠져나간 듯했다. 노래하고 싶을 때 노래를 맘
껏 할 수 있다는 것은 축복이다. 목소리를 잃기 전에는 노래
잘하는 사람이 제일 부러웠는데 이제는 노래를 할 수 있는 사
람이라면 모두 부럽다.

다음 날도 발성연습을 해 볼 생각으로 숲 속으로 들어갔다.
그런데 목소리가 하나도 나오지 않는다. 그러고 보니 목이 아
파서 말하기도 힘이 든 것을 알았다. 어제 발성연습 한다고 무
리한 것이 원인인 것 같았다. 그러나 실망하지 않기로 한다.
며칠 지나면 목은 가라앉을 것이고 그러면 노래를 또 할 수 있

을 테니까. 기도하고 노력해서 안 될 일은 없다. 이것은 나의 신앙이다. 지금까지 이런 믿음이 나를 지탱했으니까. 그런 내 마음을 알기라도 한 듯 교회 입구에서 만난 찬양대장이 물었다.

"언제 찬양하러 올 거요?"

"가을쯤이면 가능할 것 같아요."

대답은 그렇게 했지만 자신이 없다. 하지만 노력해 볼 것이다. 어쩌면 찬양을 통해서 치유할 수 있을지도 모르니까.

(2012. 여름)

촌사람

그는 촌사람 같다. 구부정한 자세와 털털한 잠바 차림도 그렇지만 사심 없는 착한 얼굴에 새된 웃음소리가 더 그렇게 보인다. 내가 처음 만난 자리에서 그 사람에게 대뜸 촌사람이라고 말하고도 실례했다고 생각하지 않은 것은 아무리 봐도 올데 갈 데 없는 촌사람이기 때문이었다. 그 사람도 인정이 되는지 크크큭 웃음으로 넘기며 잔을 받아주는 나를 귀엽게 봐주는 듯했다.

그날 이후로 그의 별명은 촌사람이 됐다. 저마다의 개성으로 똘똘 뭉친 듯 보이는 작가협회 여행지에서 만난 사람이니 그는 분명 작가일 것이고 그렇다면 정중하게 선생님이란 존칭을 써야 했지만 나는 그 사람을 만만히 대했다. 그가 촌사람같이 생겼다는 친밀감 하나로 말이다. 어쩌면 내 연배쯤 되어 보이는 것도 그렇고 아직 그의 작품을 읽어 본 적이 없는 것으로 미루어 나처럼 무명에 머물러 뜨지 않은 것도 비슷한지라 만만하게 본 것이다.

자의식이 강한 사람이라면 기분 상하고도 남았을 것이다. 그러나 그 사람은 나의 무례를 전혀 개의치 않고 돌아오는 버스에서 같은 방향이니 집에 갈 때 전철을 같이 타자고 했다. 그러나 나는 버스에서 내리기 직전까지 소주병을 입에 달고 있는 그래서 목소리가 커진 그가 술에 취해 떠들어댈 것을 생각하니 같이 가고 싶지 않았다.

옆 사람과 이야기도 삼가며 목을 아끼던 나는 혼자서 먼저
와 버렸다. 그 사람은 분명 같이 가기로 했으니 버스에서 내려
나를 찾았을 것이지만 먼저 간다는 말도 하지 않았다. 다음 날
예배를 드리는데 문자가 왔다. 관악산에 등산을 가잔다. 다음
에 기회가 있으면 같이 가겠다고 정중히 문자를 보내고 나니
웃음이 쿡쿡 나왔다. 어수룩하니 자존심 없는 순진함이 과연
촌사람이란 생각에서다.

자연을 닮은 사람, 다듬어지지 않고 태생 그대로의 사람, 그
러면서도 어딘지 한쪽 나사가 빠져 보이는 어수룩함으로 모두
에게 부담스럽지 않은 자연 친화력이 있는 사람을 촌사람이라
고 정의해 본다. 촌사람은 수수한 외양도 그렇지만 사투리가
심할 때 더 강하게 느껴진다.

나는 촌에서 태어나 촌에서 자랐다. 태생도 촌사람이지만 생
긴 것이며 말씨도 올데갈데없는 촌사람이다. 결혼을 하여 서울
에서 살아도 파리를 퍼리라 하고, 가위를 가새라 하여 자주 놀
림을 받았다. 학생시절까지 합해서 40여 년을 도회지에서 살
았건만 고쳐지지 않는다. 지금도 상점에 가면 내가 어느 지방
사람인지를 단박에 알아보는 사람이 있다. 고장뿐 아니라 고향
까지 알아내는 사람도 있다. 어지간히도 촌스러운 사람임을 인
정해야겠다.

촌티를 벗고자 노력을 한 적도 있다. 서두르지 않는 침착한
목소리로 표준말을 구사하면 되겠지 싶어 표준말을 쓰려고 노

력을 한 것이다. 그러나 그것은 집중하여 신경을 쓰며 의식할 때뿐이지 고향 친구를 만나거나 맘 맞는 사람과 대화를 하다 보면 어느새 내 입에서는 고향의 구수한 사투리가 줄줄이 터져 나오곤 했다.

결국 서울에서 살지만 징게 맹경 장철리의 촌사람에서 한 발 자국도 벗어나지 못했음을 인정한다. 태생은 못 속인다고 어려서부터 익힌 사투리가 아니면 제대로 표현하지 못하는데 근본을 바꾸려 했던 것이 얼마나 무모한 짓인가를 깨달을 뿐이다.

그러나 나는 지금도 할 수만 있다면 촌사람에서 벗어나고 싶어 한다. 이유는 단순하다. 촌사림이 결코 매력적이지 않기 때문이다. 나 한 사람에 국한된 문제겠지만 작은 예로 소설가로 공인받은 지금도 모임이나 단체에서 소설가로 존경받지 못하는 것이 촌사람 같은 외모와 말씨 때문이라 생각되는 때문이다. 그런 외적인 것은 모두가 허영이고 겉치레라고 할 수 있지만 그래도 나는 존경받는 작가가 되고 싶다. 그런 면에서 나는 변하고 싶다. 어디 촌사람이 따로 있는가. 도회지에 살아도 사물의 이치에 둔하고 설 자리를 분간하지 못한다면 제아무리 표준어를 쓰고 옷 입은 것이 단정해도 촌사람 수준일 뿐이다. 마찬가지로 시골 오지에 살며 사투리를 쓸지라도 사물의 이치를 꿰뚫어 보는 안목이 있고 예지가 넘친다면 누가 감히 촌사람 취급을 할 것인가. 결국 촌사람에서 벗어나는 길은 외양이 아니고 내면의 됨됨이라고 봐야겠다. 그런데 아직 거기까지 미치지 못하니 좋은 소설을 쓰는 길밖에 내 위상을 높이는 길은 없는 것 같다.(2012. 10. 16)

내 마음의 노래

나는 노래를 좋아한다. 듣기도 좋아하지만 부르기도 좋아한다. 분위기가 있는 노래를 특히 좋아한다. 그래서인지 허무와 쓸쓸함을 노래하는 가을의 노래를 나도 모르게 부르곤 한다. 요즘 차중락의 <낙엽 따라 가버린 사랑>을 몇 번 불렀다. 감성에 젖게 하는 멜로디며 가사가 낙엽 지는 이 가을의 풍경과 맞아떨어지는 때문이다. 문득 노래 가사가 맘에 안 든다는 생각이 들었다. 꿈도 희망도 사랑까지도 낙엽 따라 가버린다는 것이 너무 허무해서다.

노래는 마음을 이끌어 주는 향기와 같다. 노래를 하다 보면 분위기에 따라 마음의 명암이 엇갈림을 느낀다. 슬픈 노래를 하면 가슴 밑바닥에서부터 슬픈 생각이 모락모락 피어오르고, 밝은 노래를 부르면 경쾌한 리듬에 따라 내 몸과 마음이 흔들흔들 가벼워짐을 느낀다. 그래서 허무를 노래한 가수가 죽고, 산장의 여인을 부른 가수가 산장에서 살게 되었다는 노래 가사 연구가의 말을 무조건 무시할 수 없게 됐다. 그 동안 노래방에 가면 자주 부르는 가요를 생각해 보았다.

최성수의 <동행>은 오래 전부터 즐겨 부른 노래 중의 하나다. 어느 날 라디오에서 흘러나오는 정감 넘치는 가수의 목소리며 노래 가사가 내 마음을 사로잡았다. 가사가 내 마음과 똑

같아서다. 그 무렵 나는 앞이 안 보이는 생활에 답답함을 느끼었고 아무도 모르게 외로움을 느꼈던 것 같다. 사는 것이 자신이 없고 불투명한 앞날이 두려웠다. 그것은 한 마디로 슬픔이었다. 난 그 노래를 배웠고, 노래방에 갈 기회가 있을 때 가사를 적어와 익혔다. 어느덧 동행은 나의 십팔번이 되었다.

찬송가만 부르는 기독교 신자였지만 세상에서 친구들과 어울리면서까지 찬송가를 할 수는 없는지라 대중가요 하나쯤 익히고 싶었는데 어차피 필요한 노래였는지도 모른다. 나는 동행을 최성수처럼 부르려고 잔뜩 흉내를 내곤 했다. 그래서인지 요즘 목이 아프다며 앉아서 감상만 하고 있으면 '동행해.' 하며 친구들이 먼저 곡을 선택해 준다. 그럴 때마다 나는 망설인다. 가사가 희망적이지 않은 노래를 배제하려는 노파심에서다.

말이 씨가 된다는 말이 있다. 심리학자의 말에 의하면 노래도 마음을 움직이는 만큼 슬픈 노래를 많이 하면 우울증에 걸리거나 자살을 한다고 한다. 인생은 짧다. 희망과 꿈이 넘치는 좋은 노래도 다 못하는데 외롭고 슬픈 노래로 내 마음을 슬프게 하고 싶지 않아서다. <개똥벌레>가 처음 나왔을 때 어른들도 많이 불렀다. 그러나 그 가수가 죽고 나자 그 노래는 거의 들을 수 없게 됐다. 사람들은 가수가 죽은 것은 아웃사이드 왕따 인생을 절망적으로 표현한 <개똥벌레>를 많이 불렀기 때문이라고 했다. 나는 그 말에 반신반의하지만 가사를 곱씹어 보니 아니라고 할 수가 없었다. 나는 개똥벌레 어쩔 수 없네. 저기 뵈는 무덤이 내 집인걸 / 가슴을 활짝 펴도 친구가 없네 ……. 외로움과 절망과 소외감에 짓눌린 노래였다.

슬픔과 외로움, 절망은 우리 인생에 거의 매일 끼어들고 파고들어 온다. 그렇지만 그 속에서도 희망을 보고 꿈을 보는 마음과 습관은 희망적인 삶을 살게 된다. 9년 전에 집을 시세보다 2억을 더 주고 산 적이 있다. 그 돈이면 전세보증금을 끼고 30평 아파트라도 살 수 있었는데 계산도 없이 덜렁 집을 사놓고 후회하느라 잠을 못 이루었다. 그래서인지 나도 모르게 병이 들고 말았다. 입맛이 없고 사는 것이 재미없고 남들이 부러워하는 우리 집 5층 건물도 보기가 싫었다. 더 큰 건물을 살수도 있었는데 계산을 잘못하여 안 좋은 위치에서 시세보다 많은 돈을 주고 집을 산 것만 두고두고 후회했다. 내 꼴은 형편없이 초라해졌다. 자신감을 잃고 사람을 피하였다. 그 동안 잘나가더니 이제는 망했다고 뒤에서 욕하는 것만 같았다. 그리고 밤마다 나쁜 꿈까지 꿨다. 마치 죽음을 암시하듯 신발을 잃어버리고 이빨이 빠지는 꿈을 꿨다. 꿈 해몽가가 아니어도 내가 곧 죽을 것만 같았다. 어둠이 내 마음을 사로잡고 놓아 주지 않았다.

어느 날 옥상에서 올라갔다가 말라 죽어가는 넝쿨식물과의 화초를 발견했다. 실내에서 키우는 식물인데 전 주인이 내놓은 뒤 아무도 돌보지 않아 죽어가고 있었다. 나는 그 화분이 마치 나인 듯 느껴졌다. 집 안으로 들고 와서 조석으로 정성스레이 물을 주었다. 네가 살면 나도 산다. 나는 물을 줄 때마다 주문처럼 말했다. 그 화초는 점점 잎이 싱싱해지더니 한 잎 두 잎 파란 잎이 올라오며 살아났다. 마침내 화분을 덮으며 무성해져서 분갈이를 해줘야 할 정도가 됐다. 지금은 너무 무성하여 지저분하다고 많이 잘라 냈지만 9년이 지난 지금도 그 화초는 우리 거실 한 귀퉁이를 탐스럽게 차지하고 있다. 언제부턴가 나도 건강하다는 소릴 많이 듣고 있다.

　낮말은 새가 듣고 밤 말은 쥐가 듣는다고 한다. 감사를 잘할 때 천기도 나를 도와 감사할 일이 생기는 것 같다. 또 희망적이고 사랑이 넘치는 노래를 해야 이 사회가 밝아지고 나라도 잘 되고 내 가정과 자녀도 잘 된다고 믿고 싶다. 그래서인지 <아직도 내겐 슬픔이 우두커니 남아 있어요>로 시작되는 <동행>이란 노래는 이제 그만하고 싶어졌다. 그 노래를 부르는 한 남편과노 병행선으로 살아야 할 것 같아서다. 동행은 채워지지 않은 그리움의 노래이기 때문이다. 대신 희망적이고 소망적이라는 노사연의 <만남>을 가만가만 불러본다. 멜로디나 가사가 따뜻했다. 과거를 뒤돌아보지 말고 후회하지도 말고 눈물도 흘리지 말라는 용기를 주는 노래였다. 오직 우리가 해야 할 일은 전진하며 영원을 사랑하라는 메시지가 소망적이다.
　나는 모임에 나갔을 때 불러야 할 나의 노래 십팔번을 만남으로 바꾸기로 하고 몇 번 연습까지 했다. 그런데 얼마 전 동창회에서 만남을 노래하니 동행보다 감정몰입이 안 되었다. 높은 음도 소화하기 어려웠다. 할 수 없이 친구들이 듣고 싶어하는 동행을 저음으로 불렀다. 앙코르에 박수가 터졌다. 돌아오면서 나는 생각했다. 노래는 마음에 담긴 것을 토해낼 때 호소력 있고 감정몰입이 가능하다는데 아직도 내게는 슬픔이 있는 것인가 하고.

구피가 새끼를 낳다

어제까지만 해도 없었는데 아침에 먹이를 주려고 보니 어항 속에 뭔가가 떠 있다. 스탠드를 켜고도 구분이 안 돼 안경을 쓰고 자세히 살펴보니 뜻밖에도 구피 새끼였다. 겨우내 수놈 혼자서 외롭게 떠다니는 게 안타까워 이웃에 가서 몇 마리 얻어다 넣어준 것이 그 동안 커서 새끼를 낳은 것이다. 이제 막 낳기 시작하는지 암놈의 배는 아직도 통통하게 부풀어 있었고 몇 마리만이 이리 저리로 펑펑 움직이는 게 여간 신기하지 않았다.

아! 이제 어항 속은 작은 바다가 되는구나! 나는 감탄하며 새끼가 부담 없이 먹을 수 있도록 먹이를 빻아서 넣어 주었다. 수 구피 다섯 마리에 암 구피 한 마리 해서 여섯 마리의 구피를 준 집사님한테 이 기쁜 소식을 알려야겠다. 그리고 구피가 어항 가득 차면 되분양을 해주겠다는 말도 꼭 해야겠다. 집사님은 한 마리밖에 안 남은 구피가 너무 외로운 것 같으니 구피 몇 마리만 달라고 하자 우리 구피 한 마리를 오히려 가져오라며 그나마 죽인다며 안 주려 했었는데 많이 기뻐할 것 같아서다.

우리가 구피를 키우기 시작한 지도 오륙 년 되었나 보다. 아담하게 생긴 등나무 어항을 얻은 것이 구피를 키우게 된 계기가 됐다. 처음엔 수족관에 가서 예쁜 색깔의 관상용 물고기를 이것저것 해서 몇 쌍 사다가 키웠었다. 아침에 일어나 보니 몇 마리가 죽어서 물 위로 떠 있는가 하면 몇 마리는 지느러미가 끊어지고 꼬리가 찢겨 있는 등 불쌍한 꼴로 삐딱하게 떠다니다가 결국은 죽고 마는 것이었다. 물고기를 키우겠다고 이것저것 장비를 사와 어항 안을 예쁘게 장식한 보람도 없이 죽어버리니 실망스러웠다. 이 때 이웃의 아주머니가 번식력 강하고 잘 죽지 않는다며 구피 몇 쌍을 주었다. 다른 물고기는 일체 넣지 말고 오직 구피만 키워 보라고 했다. 그래야 구피가 죽지 않고 잘 산다고 했다.

과연 어항에서 구피는 잘 자랐다. 예닐곱 마리였던 구피는 언제부턴가 새끼를 낳기 시작하더니 어항 가득히 새끼를 낳았다. 주변 사람들에게 구피를 분양해 가라고 권할 정도였다. 구피는 좁은 어항에서 여름이 가고 가을이 가고 겨울이 지나도록 잘 살았다. 더러는 죽기도 했지만 새끼를 낳으면서 적당량의 밀도를 유지하며 평화롭게 잘 살았다. 언제부턴가 구피가 살고 있는 어항은 우리 집에 오는 손님들에게 볼거리가 되었다.

한 마리의 구피만 남고 다 죽어버린 지난 가을은 우리 집의 상황도 최악이었다. 새집을 짓자면서 비워두고 나온 집은 IMF의 후유증으로 지을 가망이 없어졌고 팔려고 해도 살 자가 나오지 않아 우리는 경제적으로 무척 힘이 들었다. 그래서인지 거실 한쪽에 있는 구피를 잊고 살았다. 어느 날 보니 큰 것 두 놈만 남고 다 죽었다. 아니 언제 죽었는지 죽은 사체조차 볼 수 없다. 그래도 암수 각각 한 마리씩 남아 있는 것이 다행이다 싶었는데 그나마 암컷도 어느 날 죽어버렸다. 구피를 키우는 것이 귀찮아졌다. 죽지 못해 외롭게 떠다니는 수 구피도 빨리 죽어버렸으면 싶었다. 그러던 어느 날 집사님 댁에 갔다가 구피가 있기에 불쌍하게 혼자 있는 구피 생각이 나 염치 불구하고 여섯 마리를 얻어 온 것이다. 그런데 몇 달 만에 이렇게 새끼를 낳게 될 줄이야.

생명이 태어나고 번식한다는 것은 즐거운 일이다. 희망과 소망이 생기는 것 같다. 그래서인지 요즘은 아침마다 구피 보는 즐거움이 크다. 얼마나 컸는지, 먹이는 잘 먹는지 스탠드를 아예 밝혀놓고 먹이를 다 먹을 때까지 지켜본다. 그러고 보니 나를 활기 있게 하는 것이 또 하나 있다. 건축을 한다고 비워 두고 나 온 우리 연립주택이 우여곡절 끝에 건축이 되어 곧 고시원 개원을 하게 된 점이다. 주변 건물을 제치고 우뚝 솟은 7층 건물은 신림동을 훤하게 만들었다. 너무도 자랑스러웠다. 물론 합작으로 지은 집이지만 사람들은 건물만 보고 우리를 부자라고 치켜세웠다. 그때마다 나는 감사하다고 인사했다. 내 생전 언제 그런 인사를 받았던가. 서울에 올라온 지 22년 만에 건물을 갖게 된 기쁨이 벅차오른다. 남편은 자동차를 타고 오면서 하나님한테 눈물로 감사했다고 한다. 문득 한 마리밖에 없던 죽음의 어항 속을 수많은 구피로 활력을 찾았음이 우리 집의 축복과 무관하지 않음을 느껴본다.

라일락의 향내

　나는 오래 전부터 작은 꿈 하나가 있다. 마당이 있는 집을 갖는 것이다. 가꾸고 손질하여 정원을 만들고 싶다. 결혼하여 산 지가 20년이 넘었건만 아직도 마당 한 뼘 갖지 못했다. 날로 땅값이 치솟는 추세이고 보면 앞으로도 마당 있는 집을 갖기는 어려울 것 같다.

　남편이 정년퇴직을 하면 전원생활을 하겠다고 하니 그때나 꿈을 이루지 않을까 기내를 해 본다. 그러면 조경원에 가서 세 가지의 나무를 사다 심고 싶다. 라일락과 넝쿨장미, 크고 작은 국화다. 그 중에서 하나를 택하라고 하면 라일락을 택할 것이다. 좋다! 이 무슨 냄새일까? 길을 가다가 문득 멈춰서며 주변을 두리번거리다가 발견하는 것은 라일락이다. 꽃망울이 크지도 화려하지도 않지만 그 향은 주변을 압도하듯 그윽하고 진하여 가던 발걸음을 멈추게 한다. 얼마나 마음속까지 환해지던가. 어린 시절 박하사탕을 먹을 때 느끼던 그 상쾌함이 입 속이 아닌 마음속에 가득히 남는 것 같다. 비록 봄 한철이지만 라일락의 향내에 듬뿍 취하여 있는 동안만은 세상이 밝게 보이고 산다는 것이 얼마나 아름다운가. 향기 하나만으로도 삶의 활력을 찾는 것 같다.

　내가 라일락 향내를 안 것은 10여 년 전이다. 그 전에 라일락 향을 맡았는지 몰라도 내가 그 향에 취해 라일락꽃이 핀 담

옆에 한참씩이나 서 있었던 것은 신정동에서 신림동으로 이사
오던 해였다. 지금은 재개발이 되어 말쑥한 아파트촌으로 변한
신정동은 당시에 뚝방의 더러운 물을 보는 것 외엔 거의 나무
라곤 없어서인지, 나는 자연에 목말라 있었다. 아이들이 유치
원을 마칠 때까지 살던 신림동으로 다시 돌아오니 동네는 꽃이
집집마다 피어 있었다. 새벽기도를 하러 새벽길을 가노라면 봄
꽃의 향기가 동네에 가득 차 있었는데, 그 중에서도 라일락의
향은 내 심장 깊은 곳까지 감동시키었다. 그때 이후로 나는 라
일락을 알게 되었고, 좋아하게 됐다. 올해도 우리 동네는 라일
락이 많이 피었다. 새벽기도를 갈 때면 진동하는 향이 동네에
가득하다. 잠시 발걸음을 멈추고 향에 취해 본다. 그리고 생각
한다. '라일락 향 같은 사람이 되자'고. 그리고 누가 라일락 같
은 사람일까 생각해 본다.

　문득 지난 부활주일에 돌아가신 한경직 목사님이 생각난다.
오십 년의 목회생활을 하는 동안 자신의 소유를 갖지 않았다며
존경과 칭송이 자자한 목사님이시다. 일각에서는 종파를 조장
하고, 지연에 연연했으며 무엇보다도 일제 때 신사참배를 했다
하여 생전에 목사님이 청빈 겸손하고 신실하며 무소유자일지라
도 맘껏 칭송하지 못하겠다며 안타까워하는 사람도 있지만 말
이다.

　기독교 가정에서 자란 나는 어릴 때부터 고 한경직 목사님에
대해서 많이 들었던 것이다. 지금은 더 큰 교회도 많지만 한
때는 한국을 대표하던 영락교회의 목사님으로 설교도 잘 하고

목회도 잘하여 더 많이 알려진 어른이다. 목사님께선 은퇴할
때도 교회에서 주는 집을 마다하시고 남한산성의 작은 사택에
서 살면서 편하게 살기는커녕, 오히려 '북한에 사랑의 쌀 보내
기 운동' 등 굵직한 일을 하며 세상의 빛과 소금이 되는 삶을
살다가 가셨다. 나는 목사님의 소식을 지면을 통해 들을 때마
다 내가 기독교인이라는 것이 자랑스러웠다. 역사 이래 나라가
흥하려면 종교계의 지도자가 바로 서고, 망하려면 종교계의 지
도자부터 부패한다고 들었다. 그런데 이 나라의 대표격인 목사
님이 빛과 소금이 되어 사시니 이 나라에 소망이 있음을 느껴
본다. 물질만능의 시대가 도래함에 따라 교회도 기업화되어 간
다며 교회의 부패를 우려하는 때 목사님의 삶이 라일락 향처럼
마음에 차오른다. 마치 라일락의 향이 동네에 활기를 주듯 목
사님의 삶에서 기독인의 활기를 찾는 것인지도 모른다. 우리는
다 빈 손으로 와서 빈손으로 갈 인생이건만 얼마나 많은 사람
들이 물질을 더 많이 갖고자 추하게 인생을 마감하는가. 하지
만 목사님은 큰 교회에서 교세를 장악할 만큼 절대적인 위치에
있으면서도 통장 하나 남기지 않는 무욕으로 살다가 가시었다
니 참으로 위대하시다. 인간적인 연약함으로 한때 실패의 길을
걸었다 해도 무욕의 삶 자체 하나만으로 모든 연약함이 상쇄됨
을 느낀다. 그 뿐인가, 은퇴하시면서도 아들과 사위가 목사건
만 세습하지 않았다는 점이다. 이제 목사님은 돌아가셨다. 그
러나 목사님의 향기는 봄날의 라일락 향처럼 우리의 가슴 속
깊이 잔잔하게 남아 있음을 느낀다. 그리고 그 향은 멀리멀리
퍼져 가리라.

꽃 피고 새가 노래하는 살기 좋은

참으로 무서운 세상에서 우리는 살고 있는 것 같다. 아동성폭력범이 기하급수적으로 늘어나는가 하면 자식이 부모를, 부모가 자식을 살해하는 사건이 비일비재하고 불특정 무차별 살인이 대낮에 거리에서 자행되고 있다.

백년해로를 약속하였던 아내를 청부살인했다는 뉴스를 오늘도 들었다. 도대체 무엇을 믿고 의지해야 할지 두렵기만 하다. 그래서인지 요즘 잘 되는 사업은 호신술을 가르치는 체육관이란다. 초등학생부터 성인에 이르기까지 남녀노소 할 것 없이 언제 무슨 일을 당할지 몰라 가족과 자신을 지키기 위해 호신술을 배운다. 과연 호신술이 자신과 가정을 온전하게 지킬 수 있을까. 유단자가 아니면 흉기를 가진 악독한 범인 앞에서 자신을 보호하기엔 역부족인 것이 대부분일 텐데. 더 걱정인 것은 이런 일이 앞으로 더 많이 일어날 전망이라니 무역대국이라는 국가적 위상의 값을 톡톡히 치르고 있음을 실감한다.

그 동안 우리나라는 고속성장을 하여 왔다. 국민소득 2만 불이라는 성장만큼이나 우리의 생활수준도 향상되었다. 집집마다 텔레비전, 냉장고, 컴퓨터는 기본이고 부의 상징이었던 자동차마저 보편화되었다. 자동차를 가족 수마다 갖고 있는 집도 늘어나고 있으니까.

한 마디로 우리는 물질만능 시대에 살고 있다. 요즘 신종사기는 남의 정보를 이용하여 대출을 받아놓고 은행에서 대출금을 본인 명의 통장으로 넣어 주면 잘못 들어간 돈이라며 본인에게 전화하여 돌려달라고 한단다. 그러면 통장 주인은 자기 통장에 모르는 내역의 돈인 만큼 의심하지 않고 돈을 돌려주는데 돈을 보낸 후에는 다시 찾을 수도 없고 대출금은 내가 갚아야 하단다.

사기꾼이 본인도 모르게 내 아파트나 내 땅으로 대출을 받아간 것이지만 책임은 고스란히 내가 진다는 점에서 얼마나 가슴 떨리는 일인가.

물질만능 시대는 도덕성을 파괴하고 인정을 메마르게 한다. 가정이 파괴되고 사회가 불안에 빠지게 된다. 이혼이 많아지며 묻지 마 범죄가 급증한단다. 묻지 마 범죄자 대부분은 사회나 집단에 적응하지 못하고 나 홀로 독방에 스스로 가두어 살며 세상과 단절하고 세상의 통로를 오직 컴퓨터 하나에 의지하는 사람이 대부분이란다.

그들은 어릴 때부터 부모를 잃거나 부모로부터 버림받은 사람으로 세상을 저주하고 자신을 포기하고 미워하며 사는 경우가 많다고 한다. 어디를 가도 사랑해 주기는커녕 귀찮아하며 폭력과 학대로 인해 사회적 문제아로 낙인 받아 살아온 사람들이다. 이런 사람들의 심리는 세상이 확 뒤집어졌으면 좋겠다는 생각을 늘 품고 있다고 한다.

여기에다 병들고 가난하여 가정에서조차 거부당하고 짐짝 취급을 당할 때 세상을 공격하게 된다고 한다. 이것은 사회의 안전을 깨트리는 큰 요인 중의 하나이다. 결국 문제의 원인은 차치하더라도 그들을 돌보지 않은 우리에게도 일말의 책임이 있다는 것을 깨달아야겠다.

가정은 소중하다. 사랑의 보금자리인 가정, 부모의 따뜻한 보살핌 속에 고이고이 잘 자라야 할 어린 아이나 청소년들에게 가정만큼 안전한 곳은 없다. 그런데 요즘 우리나라의 가정들이 많이 위태한 것 같다. 예전 같으면 생각도 못할 이혼이 요즘은 여차하면 이루어지는 것 같다. 수십 년 희로애락을 같이 해온 부부가 황혼이혼을 하는 일도 급증하는 추세라고 한다. 우리나라의 이혼율이 세계 최고라는 기사를 본 적이 있다. 어떻게 이런 상황까지 우리 사회가 피폐해졌는지 앞날이 걱정된다.

오늘도 우리의 자녀가 유치원에 가고, 학교에 가고 직장에 가는데 무사하기만을 기도할 따름이다. 어차피 집에 있으나 밖에 있으나 안전하지 않은 세상, 누가 더 위험한 것도 아니고 덜 위험한 것도 아니다 보니 우리 모두가 지뢰밭에 있는 기분이다.

고급 자동차를 몰고 철마다 휴가를 즐기는 등 부자 나라에서의 여유로운 행복감도 아차 하는 순간 불행의 나락으로 떨어질 것만 같아 두려운 것이다. 잘 사는 만큼 안정되고 평화로운 천국을 꿈꾸지만 그것은 모두가 행복할 때 가능한 것 아닌가. 아직도 복지의 사각지대에 살며 높아지는 빌딩만큼이나 박탈감과 소외감의 울분에 쌓인 사람이 많다면 우리는 아직 안전하다고 할 수 없다.

수명 120세가 가능하다며 100세 노후 준비를 권장하는 시

대에 아내를 청부살인했다는 기사를 보는 마음이 참 우울해진
다. 70이 고령이라면 10년 후면 나도 고령화에 속할 텐데 아
무리 노후를 대비한다 해도 물질만능주의 세상에서 우리의 노
후도 불투명하기만 하다. 날로 험해지는 시대에 험한 뉴스를
보며 미래를 걱정해 본다.

건강 순례기

나는 운동을 좋아하지 않는다. 잘하지 못하기 때문이다. 어릴 때부터 그랬다. 고무줄놀이나 공치기를 해서 또래 친구보다 잘한 적이 없다. 달리기는 더더욱 못해서 호박이 굴러 오는 거냐? 라고 체육선생한테 핀잔을 들은 적도 있다. 줄넘기도 마찬가지다. 줄을 팽팽하게 돌리면서 팔짝팔짝 뛰는 친구들이 항상 부러웠다. 오죽하면 운동이라면 다 좋아하는 것이 마음에 들어 결혼을 했으니까. 이런 내가 나이 들어가니 건강을 위해서 운동을 안 할 수가 없게 됐다. 하루라도 빨리 운동을 시작하세요. 안하면 큰일 납니다. 맥박을 짚던 한의사님의 권고는 단호했다.

그때 이후로 등산을 시작했다. 아이들이 학교에 가면 등산복으로 갈아입고 집을 나섰다. 전에는 이곳저곳 전화해서 등산친구를 찾았지만 건강을 찾아야 한다는 일념에 혼자서 용감하게 집을 나섰다. 관악산 연주대가 목표였다. 집에서 출발하여 아카시아 숲까지는 갈만하다. 포켓용 시디를 들으며 걸으니 심심하지 않았다. 그러나 거기까지가 내 체력의 한계인지 몸은 천근만근이고 발걸음은 떨어지지 않고 계곡은 높았다. 메고 가는 가방이 무겁고 숨이 턱에 찼다. 깔딱 고개를 오를 때는 주저앉고 싶어진다. 그러나 나무를 잡고 서서 숨을 고르며 산에 오르는 연로하신 할머니 할아버지를 보면서 다시 오르곤 했다. 하

루 이틀, 한 달, 두 달, 석 달, 특별한 이변이 없는 한 등산을
쉬지 않았다. 연주대 가는 시간이 점점 짧아졌다. 두 시간이
보통이었는데 한 시간 반 만에 올랐다. 언제부턴가 나는 시간
을 단축하는 데 전념했다. 연주대를 한 시간에 오르는 것이 목
표가 되었다. 관악산 다람쥐사건이 없었다면 한 시간대까지 줄
였을지도 모르겠다. 산에 오는 여자들의 돈을 빼앗는다는 다람
쥐사건은 겁이 났다.

다시 시작한 운동은 수영이었다. 수영복을 입고 물속에서 인
어처럼 헤엄치는 운동은 확실히 매력이 있다. 판때기를 잡고
발차기부터 시작했다. 자유형, 평형, 배영은 그런대로 힐 민
했다. 다만 차가운 수온 때문에 고생을 많이 했다. 늘 새파랗
게 변한 입술로 오들오들 떨면서 했다. 어쩌다 수온이 높은 때
면 좋아라 했는데 다른 사람들은 물이 덥다고 아우성을 쳤다.
그럭저럭 이 년이 다 되도록 수영을 했던 것 같다. 접영까지
나갔으니까.
그러나 접영에서 한계를 느꼈다. 나는 고래처럼 솟아오르는
점프를 못했다. 아무리 두 팔을 넓게 그리고 높게 펼치고 물을
끌어 잡으며 점프를 해도 내 몸은 고래처럼 뜨지 않았다. 모두
들 잘 하는데 새끼 고래 흉내도 못내는 것이 자존심 상했다.
나중에 깨달은 것인데 나는 접영하기에 안 좋은 신체적 핸디캡
이 있었던 것이 아닌가 싶다.
박태환의 넓은 어깨, 상체보다 가는 하체를 보면서 생각한
것이지만. 결국 수영을 그만두었다.

세 번째로 시작한 것은 헬스였다. 그런데 땀이 흠뻑 나도록 운동을 하는 헬스는 날마다 샤워를 하는 것이 싫었다. 매일같이 샤워를 하니 건조해진 피부에서 살비듬이 부슬부슬 일어났다. 예전에 할머니의 몸에서 살비듬이 떨어지는 것을 봤는데 똑같았다. 마르고 건조한 피부에서 나타나는 증상이었다. 피부 보호 차원에서 헬스를 그만뒀다. 오래지 않아 동사무소 에어로빅 반에 등록했다. 시작한 지 삼 개월 만에 이것도 그만두었다. 일사불란한 동작이 필요한 에어로빅을 둔한 운동신경으로 따라 할 수가 없어서다. 동사무소 이층에서 하는 요가교실에 다시 등록했다. 기운동이라고 알고 있는 요가가 과연 운동이 될까 하는 반신반의를 하면서 갔는데 생각보다 힘들고 어려웠다. 온 몸의 근육을 빠짐없이 움직이고 깨어 주는, 결코 조용하지 않은 운동이었다. 날숨과 들숨을 조절하지 못하여 구토가 나고 어지러웠다.

어느 날 기어이 토악질을 하여 망신을 당한 뒤로 그만두고 말았다. 이제는 더 이상 할 운동이 없다는 생각을 하고 있을 무렵 남편이 열심히 하고 있는 골프에 관심이 갔다. 처음 시작할 땐 나에게도 권하는 것 같더니 시간이 없다는 나의 거절에 더 이상 권하지 않고 혼자서 전국 골프장을 휩쓸고 다니는 것이 차츰 보기 싫어지던 차였다.

골프연습장 티켓을 끊었다. 한 달 정도 해봐서 괜찮으면 계속하고 아니면 그만 둘 생각이었다. 다행히도 골프는 비싼 대가를 치르는 것만 빼면 나한테 딱 맞는 운동이라는 것을 알았다. 높은 산에 오르는 일도 없고, 옷을 벗고 물속에 들어갈 필요도 없으니 좋았다. 그 뿐인가 가끔 자동차를 타고 나가 넓고 푸른 초원, 흰 구름이 떠가는 파란 하늘을 보며 맘 맞는 사람들과 어울려서 공을 친다는 것이 생각만 해도 즐거웠다. 더구나 상냥한 캐디의 도움을 받으며 카트카를 타고 다니면서 공을 칠 수 있다는 것은 확실히 허영심까지 채워주는 최고의 귀족 스포츠였다.

그러나 생각만큼 골프가 만만한 것은 아니었다. 몇 달 동안 죽어라고 연습을 해도 공을 제대로 못 치니 필드에 나가지도 못했다. 여기에서도 나의 둔한 운동신경은 어김없이 나타났다. 나보다 늦게 시작한 테니스를 했다는 여자는 석 달 만에 월례회에 따라 가는네 나는 1년이 넘도록 연습장만 지켜야 했으니까. 물론 내가 자신이 없어 가기를 꺼려한 탓도 있다.

골프는 철학이고 과학이라고 한다. 원심력을 활용하는 운동이다. 자세(어드레스)는 매우 중요하다. 처음 골프를 배우러 가면 자세를 가르쳐 준다. 공을 똑바로 멀리 가게 하려면 자세가 좋아야 한다. 모든 골프채는 비飛거리가 있다. 그래서 적당한 골프채를 찾아서 쳐야 한다. 또 골프는 헤드의 중앙 부분을 타격해야만 공이 멀리가고 정확하게 목표점에 떨어진다. 타이거우즈나 신지혜는 그 부분에 달인이다. 그런데도 하루 10시간 이상 연습을 한다니 존경스럽다. 나는 신지혜만큼 잘하겠다는 욕심은 없지만 소렌스탐처럼 멋지게 공을 치고 싶어 폼에 많이 신경을 썼다. 그럭저럭 골프에 매달린 지도 3년이 되어간다. 비거리가 짧아 여전히 남편의 구박을 받는다. 그런데도 그 서러운 골프를 작판 내지 않는 것은 골프만큼 내게 맞는 운동이 없다는 생각에서다. 과학적 원리를 찾아 치는 맛이 무엇보다 좋다. 또 골프를 통해 인생을 배운다. 벙커와 해저드를 피해가는 지혜, 다른 사람을 배려하는 골프의 율 같은 것에서 점잖은 신사도가 느껴지는 것도 좋다. 그런데 골프를 하다 보니 내 시간이 없다. 연습장에 가면 잠깐 친 것 같은데 한 나절이 훌쩍 가버렸다. 자동차를 타고 다니면서 해도 그 날 일을 다 하지 못하여 다음날로 미루는 일이 많아졌다. 거기다가 아이가 셋이나 되는 시집 간 딸이 걸핏하면 도와 달라고 부르지 않는가. 아쉽지만 골프를 끝냈다. 시원섭섭하다.

요즘은 걷기운동 찬양자가 되었다. 아침마다 서울시에 감사하며 산책로 걷기를 한다. 신림 천을 걸어서 보라매공원입구까지 돌아오면 한 시간 정도 소요된다. 걷기만큼 자유롭고 편안한 운동은 없는 것 같다. 나이가 나이인 만큼 정상을 정복해야 한다는 욕심을 버리고 평지를 걸으니 나무나 풀을 보는 것도 좋다. 날씨가 풀리니 돌돌돌 얼음장 밑으로 흐르는 신림천의 물소리가 너무 맑고 부드럽다. 아직 어두운 시간이건만 청둥오리는 벌써 먹이를 찾아 물속에 주둥이를 박고 헤엄을 치고 있다. 오늘 아침에 본 풍경이다.

날이 더 풀리면 관악산에 갈 것이다. 제2 광장을 지나 한 모금의 물을 마실 수 있는 샘까지 다녀오면 한 시간 30분 정도 걸린다. 남들 자는 시간에 운동을 하니 하루를 버는 셈이다. 그 동안 춥다고 많이 웅크렸는데 겨우내 늘어난 체중도 줄이고 뱃살도 빼야겠다. 하루 빨리 꽃피고 새가 노래하는 봄이 왔으면 좋겠다.(2012. 2)

이명(耳鳴)

　멀리서 비오는 것 같기도 하고, 텐트에서 잘 때 들리는 개울
물 흐르는 소리도 같고, 대나무 숲으로 바람 스치는 소리도 같
은 이명에 시달린 지도 몇 달 되었다. 내가 시달린다고 했는
데, 이명은 아주 오래 전부터 시달리는 정도는 아니지만 미미
한 정도로 있었던 것 같다. 모두가 잠든 고요한 밤, 혼자 깨어
있을 때면 멀리서 밥솥의 김빠지는 것 같은 소리를 들을 수 있
었으니까.

　그러나 나는 그 소리가 이명인 줄을 미처 깨닫지 못했다. 오
히려 멀리서 김빠지는 것 같은 소리가 있음으로써 조용함이 실
감됐고, 김빠지는 것 같은 소리 자체가 조용함이라고 생각했었
으니까. 내가 이 모든 소리가 귀 울음, 즉 이명인 것을 확실하
게 깨달은 것은 불과 몇 개월 전이다.

　뒤늦게 요즘 생각난 것인데 치과 치료를 한 뒤부터 이명의
실체를 느꼈던 것 같다. 텔레비전을 켜도 나고, 음악을 들어도
쇄악쇄악 하며 일정한 소리가 계속하여 들렸다. 어찌 들으면
창밖의 비오는 소리도 같고 압력밥솥의 김빠지는 것 같은 소리
가 라디오나 텔레비전에서 나는 게 아니고 다름 아닌 내 귀에
서 들린다는 것을 확인한 나는 내심 놀랐다. 그러나 곧 일시적
노화증상으로 괜찮겠지 했는데 내 나이 분들은 나의 그런 증상
에 심각한 표정을 지었다. 그들은 귀가 안 들릴 나쁜 증상이라
고 하며 병원에 가보라고 했다. 동네병원에 가니 귀 울음은 원

인을 규명하기가 어려운 만큼 치료하기가 어렵다며 큰 병원을 소개해 주었다. 크게 걱정하지 않고 있던 나는 비로소 치료의 필요성을 느끼고 검사를 받고 치료를 한 지도 석 달이 됐다. 나를 치료하는 담당 박사님은 발생시기로나 내가 살아온 환경적으로 볼 때 신경성 원인 쪽이 더 높은 것 같다며 일차적인 치료로 약물치료를 먼저 하자고 했다. 다행이다 싶었다. 어릴 때부터 귀를 앓아본 적이 없는 만큼 신경성 이명이 정확한 진단이라고 스스로도 생각되어졌으니까. 그런데 약을 복용한 지 두 달이 넘었건만 여전히 이명은 멈추지 않았다. 어떤 땐 더 심한 것도 같고 어떤 땐 덜한 것 같기도 했다. 오히려 치료와는 상관없이 컨디션에 따라 소리의 정도가 조율되는 듯싶었다. 그러니 근본적으로 치료될 것 같지도 않았다. 어차피 아프지도 않은데 그만 약을 끊고 싶었다. 자연 약 먹는 횟수가 줄어들고 병원 예약 일을 보름 이상 미루었다. 그런데 충격적인 사실을 실감한 후 다시 치료를 재계했다.

얼마 전 우리 부부는 한 가정을 방문했다. 팔순할머니를 모시고 사는 가정이었다. 우리가 들어서자 할머니는 무척 반가운 듯 안면 가득 웃음을 지으며 우리를 맞이하고 나하고는 교회버스에서 익힌 안면을 기억하고 손을 잡아끌며 반가워했다. 그런데 할머니는 거의 말을 하지 않았다. 아니 소리를 내지도 않는다. 그렇다고 할머니는 결코 벙어리는 아니었다. 다만 할머니는 귀가 안 들렸던 것이다. 소리를 듣지 못하는 할머니는 무슨 말을 어떻게 해야 할지 모르는 것 같았다. 그래서 웃기만 할 뿐 아예 말을 하지 않는 것 같았다. 그것은 충격이었다. 듣지 못하는 것이 얼마나 불편한가를 실감했다. 세상에서 제일 불쌍

한 사람이 보지 못하는 사람인 줄 알았는데 귀로 듣지 못하는 것도 이에 못지않다는 것을 깨달았다. 밥도 굶어봐야 배고픈 자의 설움을 알고, 건강도 잃어본 자가 건강의 중요성을 안다고 이명이 시작된 나로선 은근히 걱정이 되었다.

만일 귀가 안 들린다면 어떨까? 남편의 명령적인 딱딱한 말을 안 듣는 것은 괜찮겠지만 딸의 차분하고 정감 있는 목소리도 못 들을 거고, 아들의 철없는 척 투정 부리고 어리광 부리는 걸걸한 목소리도 못들을 거다. 그 뿐인가. 시도 때도 없이 주고받는 친구들과의 전화도 못할 거고, 내가 좋아하는 비발디의 사계나 베토벤의 교향곡도 못 들을 거다. 그 뿐인가. 창문을 흔들어대는 바람소리, 바닥을 치는 소나기 소리, 온갖 새소리도 못 들을 거다. 아, 그렇다면 살아도 사는 것이 아니리라. 결국에는 언제나 혼자여야 하고 그 결과 고독의 깊은 구렁텅이로 떨어질 것이다. 가족이 있고, 이웃이 있어도 언제나 혼자서 내 안에만 있어야 한다는 것이 얼마나 슬픈 일인가. 생각만 해도 끔찍했다.

박사님은 오늘도 똑같은 처방전만 내렸다. 한 달 분의 약을 주며 이명이 느껴지지 않을 만큼의 소음, 즉 음악소리를 들으며 조용한 곳에서 이명에 집착하지 말라는 것이 전부였다. 내가 답답하여 얼마나 치료해야 하는지를 묻자 6개월 정도 약을 먹어 보자고만 했다. 나는 그 이상 묻기가 두려웠다. 돌아오면서 나는 기도했다. 어떠한 일이 있어도 죽는 날까지 지구상의 모든 소리를 잃지 않게 해주세요. 그리고 박사님의 말씀대로 이명에 집착하지 않기로 했다.

평생 살고 싶은 집

언젠가부터 한 집에서 오래오래 살고 싶다는 소원을 하기 시작했다. 마치 식물이 뿌리를 내리고 언제까지고 그곳에서 살고 그곳에서 베임을 당하듯 남은 인생은 더 이상 이사하지 않고 붙박아 살며, 또 그 곳에서 눈을 감을 수 있다면 얼마나 좋을까 하는 마음이다.

그러려면 우리 가족이 방 하나씩은 절대 공간으로 가질 수 있는 내 집에서 살아야겠고 소원하던 그림 같은 정원이 있어야겠다. 나는 고향집을 사랑한다. 고사리 손으로 담장 밑을 파서 사금파리 솥단지를 걸어놓고 너는 아빠 나는 엄마 하며 소꿉놀이 하던 친구들과의 추억이 깃들었던 곳이고 할머니와 올케언니까지 대식구가 같이 살던 추억이 담긴 집인 때문이다. 지금은 개량 양옥으로 변했지만 내가 살 때는 초가집이었고, 아버지의 할아버지 때는 토담 옥이었다고 들었다. 고향집의 역사는 잘 모르지만 조상들이 특별하게 외지생활을 했다는 이야기를 들어보지 못한 것으로 미루어볼 때 일제치하 이전부터 살아오지 않았나 싶다. 일제 때 작은 아버지가 중국에 다녀왔고 아버지는 비단 장사를 하느라 객지로 돈 벌러 나갔던 얘기는 들었어도 또 다른 삶터를 들어본 적이 없으니까.

그래서인지 고향! 하면 어릴 적에 살던 초가집과 집 앞의 우물과 집 뒤의 바람소리 많던 대나무밭 그리고 넓은 들판과 동네 사람들 그리고 아침마다 부엌문 앞까지 와서 "밥줘!" 하며 깡통 하나를 내밀던 거지 일갑이가 생각난다. 지금도 오빠가 살고 있기에 일 년에 한 번 이상은 가는 고향집! 집을 개량하기 전에는 가족의 허접한 물건들이 집안 구석구석에 널려 있던 집이다. 뒤란에 내놓은 할머니의 낡은 장롱엔 책이나 공책 같은 것을 넣어 두었는데 대학 나온 큰오빠 및 오빠들의 못 쓰는 책들이 가득 들어 있어 어릴 때 우리는 심심하면 이 책을 갖고 놀았다. 그런데 조카들도 뒤란의 폐지 장롱을 뒤적이며 놀았는지 고모의 습작한 글을 보았다고 하여 당황했다. 그만큼 고향집은 추억만 깃든 곳이 아니고, 삶의 흔적과 찌꺼기까지 안고 있는 곳이다. 그래서 사람들이 늙어도 고향에 대한 향수를 떨치지 못하는가 보다.

며칠 전에 북에서 온 이산가족 방문 후보자가 통보되었다. 고향에 대한 그리움과 가족 상봉의 숙원이 정부의 도움으로 이루어진 것이다. 북에서 온 명단이 신문에 보도 되었는데 명단이 통보된 즉시 가족을 찾은 안순환 씨 가족의 기다림은 눈물겹도록 감동됐다. 16세 어린 나이에 평양으로 공부하러 떠난 뒤 생이별을 한 큰아들 순환 씨가 돌아올 것을 확신하고 어머니를 비롯한 형제들은 태어난 고향에서 지금도 살고 있다고 했다. 아들의 방문소식을 누구보다도 빨리 확인할 수 있었던 것은 안순환 씨의 생환을 기다리며 50년간 하남시 초일동 고향을 지킨 가족들 때문일 것이다. 십년이면 강산도 변한다고 하는데 50년이란 세월은 요즘 같으면 열 번도 더 변했을 것이다.

그때마다 안순환 씨 가족은 얼마나 마음을 태웠을까. '우리 아들이 저 우물을 보고 집을 찾을 텐데 우물이 없어지는구나'. '마을 앞 정자나무가 베인다면 저 정자나무를 보고 초일동을 알아 볼 텐데' 하며 말이다. 고향의 집은 핏줄의 둥지다. 가족 공동의 꿈의 산실이기도 하고 온갖 애환과 추억을 공유했던 곳이기도 하다. 그래서 나이 늙고 힘이 없을 때 고향은 절대적인 그리움의 대상이 되는 것 같다. 대부분의 사람들이 늙으면 고향에 가서 살겠다고 하는 걸 보면 알 수 있다.

신림동은 우리 자녀들의 고향이다. 큰애나 둘째애가 모두 신림동에서 컸기 때문이다. 불광동과 신정동에서 산 5년을 빼면 그 나머지는 신림동에서만 살았다. 그래서 이제는 신림동이 아니면 살 수 없을 것 같다. 집을 나서면 대화가 없어도 거리에서 만나는 사람들은 대부분이 낯익은 얼굴들이다. 시장의 장사하는 분까지도 모르는 사람이 없을 정도다. 그러나 무엇보다도 정든 이유는 남편과 아이들이 세례를 받은 교회가 있고 남편의 승진과 중고등학교를 이곳에서 마치고 대학입학을 했다. 그리고 내가 소원하던 신춘문예 당선도 이 집에서 했다. 그 뿐인가. 연로하신 시부모님도 이곳에서 모시다가 타계하셨다.

이렇듯 이 집은 우리 가족의 역사가 많고 희로애락이 담긴 고장인 것이다. 머잖아 우리는 이사를 한다. 그토록 소원하던 아파트와 주택 중 어디로 이사할까 망설이다가 고시원으로 재건축한 주택으로 이사하기로 결정했다. 신앙생활을 열심히 하는데 걸어서 갈 만큼 교회가 가깝고, 서울시 어디든 버스 한

번만 타면 갈 만큼 교통이 좋다는 것이 첫째 이유고 공기 좋은 관악산이 가깝다는 것이 두 번째 이유다. 그러나 주인이 넷이나 되니 팔아야 한다는 모두의 생각에 포기했는데 뜻밖에도 우리의 입주가 허락되었다. 원래 연립주택으로 이곳에 살던 사람들이 마음을 합해서 지은 건물이므로 주인이 넷이다. 주택은 하나여서 넷 중의 한 집이 들어와 살면서 관리까지 해야 했다. 그 관리를 우리가 하게 된 것이다. 우선은 기뻤다. 그러나 이 집에서 계속 살지는 미지수다. 우선 지하 1층에 지상 6층짜리 대형건물이 된 이 집을 살 만한 재력이 우리에겐 없기 때문이다. 그러나 너무 집착도 포기도 안 하기로 한다. 지금 이 집에 사는 것으로 만족하기로 한다.(2001)

쥐구멍에도 해 뜰 날 있다?

전주에 사는 중학교 때 친구가 놀러 왔다. 2002년 월드컵 자원봉사자로 지원했는데 아직 일본어를 듣는 수준이 못 돼 일본에 나가 한두 달 귀나 뚫어볼 요량으로 비자 신청을 하러 왔다며 온 김에 이 친구 저 친구 방문하고 있다고 한다.

서울에서 대학을 나온 친구는 고향보다 서울에 더 친구가 많다며 여고 때의 반 성명이 적힌 공책을 꺼내 놓았다. 동창생의 주소와 전화번호 및 차량 종류까지 세세하게 기록한 공책은 친구가 이제 막 시작한 세일즈를 위한 것이라고 하는데 낯익은 이름들이 많았다. 고등학교 때 갈라진 중학교 동창생들이었다. 7반까지 있었으니 다 기억할 수는 없지만 그래도 같은 반이었거나 반장 등 학교에서 명성을 날리던 이름을 보는 순간 지금 어떻게 살고 있는지가 궁금했다. "전교에서 일등만 하던 이애는 어찌 됐나? 서울대 나와서 고등학교 선생하고 있어. 얘, 남편은 교수고, 영어 잘하던 이 얘는? 얘도 x대 영문과 나와서 선생 하다가 남편이 건축회사 사장하니까 그만두었는데 남편이 IMF로 직장을 그만 두었잖겠니. 그래서 지금 갈빗집 냈대. 이 얘는 키가 작고 귀여웠는데 뭐하니? 얘 봐라 키 작은 건 중학교 때였지 고등학교 땐 우리 반에서 제일 컸다! 살도 쪄서 뚱뚱했어. 얘도 잘 됐어. 대한항공에서 근무하다 시집갔는데 지금은 영국에서 산다더라. 돌아다녀 보니까 다들 잘 실더라. 아주 크게 식당을 하는 애도 있고, 의사한테 시집가서 골프만 하러 다니는 애도 있고, 신○○ 알지? 고등학교는 경기여고로 갔던 애 말이야, 걔 남편은 판사란다. 중앙시장에서 연탄공장하고 아버지가 우리 학교 기성 회장하던 예쁜 애 말이야, 그 애도 이화여고 갔었지. 그 애는 어떻게 사니? 한○○? 이대 나와서 시집 잘 갔다더라. 남편이 검산가 의산가 아무튼 사짜 붙은 사람한테 시집갔다더라. 그런 애들은 소식만 듣지 잘 못 만나. 그래도 고등학교 동창생은 전주에서 반창 회를 하니까 소식을 아는데 걔들은 아니잖니."

친구는 자기가 알고 있는 소식을 알려주는데 인색하지 않았다. 남이 잘 된 것을 조금도 배 아파하는 빛도 없이 잘살고 부자 된 애들에 대해 더 많이 이야기하는 것 같았다. 물론 생각지도 않은 불행을 당해 그 동안 남모르게 고생하며 사는 동창생 이야기도 했지만 거의가 잘 사는 동창생 얘기를 했다. 나는 이야기를 듣는 동안 나도 모르게 씁쓸한 기분이 됨을 어쩔 수 없었다. 중학교 때의 열등감이 되살아났다.

농촌태생으로 자동차도 전깃불도 없는 시골에서 자란 내가 처음으로 부모 곁을 떠나 내게 서울이나 다름없는 익산의 명문 여중에 입학했을 때의 열등감! 그때 난 도회지 애들은 참 예쁘고, 똑똑하고, 놀기도 잘하고, 선생님하고도 친한 것에 놀랐었다. 나 같은 애는 흉내도 못 낼 어리광을 선생님한테 했고, 놀 때는 어쩜 그리도 잘 웃고 잘 놀던지, 나는 모든 것이 낯설기만 하여 첫 날부터 주눅이 들어 있는데 도회지 애들은 자기 집 안마당에서 놀 듯 잘 놀았다. 들어가기 어렵다는 학교에 합격하였다고 동네 사람들을 놀라게 하며 자랑스럽게 들어온 학교인데 아무도 알아주는 사람도 없고, 놀아주는 사람도 없었다.

내가 입학하자마자 도서관에 처박혀 독서에 매달린 까닭은 책을 좋아하기도 했지만 놀아주는 친구가 없었기 때문인지도 모른다. 어쨌든 삼십 년이 지난 지금도 동경하고 부러워하던 중학교 동창생들이 여전히 잘살고, 상류층이 돼 있음을 확인한 기분은 묘했다. 아무리 노력해도 우리 같은 사람은 그때의 상류층을 따라 잡을 수 없다고 생각하니 좌절감까지 든다.

문득 쥐구멍에도 해 뜰 날이 있다는 말이 뭣이 대단하냐는 생각이 들었다. 날마다 해 뜨는 집도 있는데 어쩌다 한 번 햇볕이 든다고 너무 만족해하고 좋아했다는 경박함까지 느껴졌다. 그것은 쥐구멍에서 살 수밖에 없는 탓이었다. 이럴 때 인간은 운명론 운운하며 자기 책임을 회피하려 하는지 모르겠다. 어쨌든 친구의 방문은 내 생활을 뒤돌아보게 했다. 한 번도 새 교복을 입어본 일이 없고, 좋은 가방을 들어 본 적이 없던, 그래서 언니와 나는 극빈자 자녀로 기성회비를 면제받았던 일이 생각났다.

그때만 해도 나는 꿈이 많았다. 나라고 언제까지고 농촌에서 살며 가난하게 살라는 법은 없다고 생각했다. 그래서인지 지금은 도회지 그것도 대한민국의 수도 서울에서 나름대로 살만큼 산다고 생각하며 남부러워하지 않는다. 비록 월급쟁이 아내로써 아이들 학비 걱정을 하며 살지만 몇 달만 있으면 들어가 살아파트도 있고, 아이 둘 다 대학에 보냈으니 그 이상 바람은 없다. 매달 적자생활이어서 백화점 쇼핑 한 번 못해도 속상해 하지 않음은 그만큼 마음의 여유가 있었기 때문일 거다. 그런 데 잘사는 중학교 동창생들 소식은 그 시절의 열등감을 되살리며 기분이 좋지가 않았다. 다음 날, 고속버스터미널에서 잔치국수를 마지막으로 먹고 헤어진 친구에게서 전화가 왔다.

"은순아! 네 덕분에 잘 왔다. 우리 남편에게 너네 빌딩도 짓고 아파트도 샀으며 넌 신문에 에세이도 쓰고 있다고 말하니까 놀라더라. 그리고 네 남편 예전보다 더 건강해 보이고 젊어 보인다고 하니까 잘 됐다며 기뻐해 줬어. 그러니 너 돈 많이 벌면 니한테 적금 들어라. 알았지?"

전화를 끊고 나는 웃었다. 그 동안의 답답함이 스르르 풀리는 걸 느끼었다. 문득 나의 착한 친구는 또 다른 동창생에게 가서 내 소식을 훨씬 좋게 전하리란 생각에 다시 한 번 미소를 지어본다.(2000. 8)

공짜 유감

경노잔치를 하는데 봉사원으로 따라갔다. 65세 이상 노인에게 간단한 선물과 음식물 제공은 물론 강화까지 나들이를 시켜드리는 동안 노인들의 불편을 보살피는 일이었다.

구청에 의뢰하여 어르신을 동원해서인지 생각보다 할머니 할아버지들이 많이 오셨다. 관광버스 열한 대에다 미니버스 봉고까지 총 출동한 차량행렬은 끝없이 이어지는데 예약된 식당에 모두 수용될지가 의문이었다. 하지만 김포방면의 유명하다는 식당들은 거대한 차량행렬쯤을 간단하게 받아들였다. 오히려 주차장은 대형버스 이십 대라도 주차하고 남을 듯 넓은 게 그동안의 염려가 한낱 기우가 되고 말았다. 새삼 먹을거리 문화의 거대함에 입이 벌어졌다. 아무리 이름난 식당이라지만 변두리 식당에서 육백 명 이상이나 되는 손님을 한꺼번에 입석시키는 것은 물론이고, 타고 온 차량까지 완벽히 주차시키다니……식당 경영주의 배짱 있는 경영안목에 경의가 저절로 일었다. 그러나 음식을 다 먹고 나오는 뒷맛은 개운하지가 않았으니, 그것은 너무나 많은 음식이 남았기 때문이다. 할머니 할아버지들의 입맛에 맞지 않아서인가 싶었는데 그것도 아니었다. 할머니 할아버지들은 묻지도 않았는데 봉사하러 간 우리들의 손을 붙잡으며 매운탕이 참 맛있다고 했으니까. 인사치레려니 하기엔 그 표정이 너무 진지했다. 그런데도 음식이 많이 남

은 이유는 수제비나 라면을 너무 욕심껏 넣은 탓이었다. 적당
량의 수제비와 라면만 넣어서 국물과 함께 천천히 음미하며 먹
어야 메기 매운탕의 참맛이 나는 법인데 할머니 할아버지들은
봉사원들이 들고 다니는 음식을 더 받으려고 아우성치고, 라면
도 봉사원들의 접시에서 빼앗다시피 가져다가 자꾸만 넣어 먹
어도, 먹어도 남을 수밖에 없었던 것이다.

그 뿐인가. 밥을 먹지 않으면 손해라도 보는 듯 공깃밥 한
그릇씩을 차지하고 드셨으니 탕을 반도 먹기 전에 배가 부른
것이다. 적은 돈으로 맛있는 메기탕을 풍성하게 먹는다 하여
유명해진 매운탕집이 밥이 없어 소동이 벌어진 것도 이 때문이
었다. 찾는 사람에게만 주기 때문에 육백 명의 밥을 다 해놓지
않은 식당 쪽에선 수백그릇이나 되는 밥을 다 내놓고도 모자라
당황했다. 냄비마다 남아 있는 음식이 너무 아까웠다. 북한에
서는 굶주림으로 수천 명이 죽는다는데 이렇게 많이 남은 음식
을 버려야 하다니……. 음식을 많이 드실 수 없는 노인들인데
수제비와 라면을 맘껏 잡수게 하는 식당으로 데려온 주최 측마
저 원망스러웠다. 아무리 우리가 잘 산다 해도 음식을 남기는
일은 없어야 한다. 할머니 할아버지들이 그것을 모를 리 없다.
그럼에도 불구하고 음식을 남기는 이유는 공짜로 먹는 탓이었
다. 우리 속담에 공짜는 양잿물도 먹는다고 했다. 6·25전쟁을
겪으며 배고픔이 얼마나 큰 고통인지를 누구보다도 잘 아는,
그래서 집에서는 밥 한 톨, 국물 한 수저도 남기지 않는 노인
들이 아닌가. 그러고 보니 우리 사회는 언제부턴가 공짜가 만
연하다. 각 백화점이나 할인점의 경품잔치가 그렇고, 행사장의

사은품 증정이 그렇다. 사람들은 공짜 물건을 받고 싶어 장사
진을 치는데, 고가의 경품이나 사은품이 주어질 땐 그 정도가
더욱 심해진다. 첫 손님에게 양털이불을 준다는 80년대 백화
점의 손님 끌기 미끼는 그래도 귀여웠다. 이제는 소형 자동차
를 20여대씩, 냉장고를 수십 대씩 경품으로 걸어 놓는다. 아니
경쟁이 치열할 때는 이 정도로는 작은 경품잔치 취급을 받는
다. 아파트 한 채를 경품으로 내놓고 있으니 말이다. 자동차
한 대 값도 안 되는 월세 방에서 세사는 사람에게는 눈 돌아가
는 일이 아닐 수 없다. 수년간 식당이나 노동의 현장에서 땀
흘려 일을 해도 자동차 한 대 갖지 못하는데 운만 좋으면 자동
차를 공짜로 탈 수 있으니 누가 힘든 일을 하려 하겠는가. 장
기적인 안목으로 내다볼 때 공짜 물건은 결코 행운이라고 볼
수 없다. 개인에게는 행운이 될지 몰라도 다수에겐 피해가 된
다. 주최 측에선 결국 공짜로 준만큼 손해액을 소비자에게 고
스란히 떠넘길 것이 아닌가.

각종 크고 작은 사은품도 마찬가지다. 사은품 행사 때 우리
는 무감각해진 양심의 추태를 흔하게 볼 수 있다. 김치 통이나
플라스틱 통을 탔는데도 그 다음 날 또 가는 것은 물론 가족이
모두 가서 타 오는 등 비싸지도 않은 그릇 하나 타려고 아니
언제든지 버려도 좋은 삼류 제품 하나 타려고 값싸게 양심을
버린다. 성경에는 눈물로 뿌린 씨앗은 기쁨으로 단을 거둔다는
말씀이 있다. 성취의 진정한 기쁨이 무엇인가를 말해준 말씀이
다. 진정으로 살맛나는 세상이 되려면 우리 모두가 양심을 멍
들게 하는 공짜를 배격하고 땀의 대가가 주어지는 풍토를 만들
어야겠다.(2000. 5)

V.

나의 신앙 나의 문학

사금파리의 반짝임을 찾아서

나의 글쓰기는 사금파리의 반짝임을 찾아나서는 것 같습니다. 그러니까 생채기가 빛과 만나는 순간의 정체성을 찾는 것과 같은 것입니다.

내 인생에도 많은 생채기가 있습니다. 부지런하고 성실하신 부모님과 여러 형제에 둘러싸여 자라면서 본의 아니게 받은 생채기도 있고, 학교 다니면서, 혹은 그 시절 누구나 그랬듯이 가난하여서, 또는 무지한 탓에 기억 속에는 여러 모양의 생채기가 남아 있습니다.

세월이 흐르면서 나의 생채기들은 아름다운 추억이 되기도 하고 아직도 잊지 못하는 아픔이 되기도 하고 부끄러움으로 남기도 합니다. 어떤 것들은 무의식의 세계로 깊이 가라앉아 있기도 할 것입니다.

저는 어릴 때부터 책읽기를 좋아했습니다. 제게는 고등교육을 받은 오빠가 셋이나 있고 언니들이 있어서 우리 집에는 그림책이나 소설책이 제법 굴러다녔습니다. 정돈된 책장이 없었으니 표현이 이렇게 됩니다. 저는 글을 읽기 시작한 때부터 동화책, 소설책을 읽었던 것 같습니다. 또래친구들이 대문에서 부르면 우리 은순이는 문사되려고 책 읽는다. 어머니가 대신 대답하는 소리를 방에서 들었으니까요.

어릴 적 우리 집은 다른 집과 달리 싸움이 잦은 편이었습니다. 도박을 하거나 술 때문에 싸우는 다른 집과 달리 우리 집은 편애한다고 싸웠습니다. 배다른 형제가 있는 집이 그렇듯이 우리 집도 위로 큰오빠와 큰언니가 배 다른 형제였습니다. 지금 생각하니 어머니는 희생만 하고 사는 것에 대한 항의를 많이 했던 것 같습니다. 아버지 할머니의 희망이었던 큰오빠는 그 당시 알아주는 대학을 나왔지만 군 기피로 도피생활을 하고 있었는데 그것도 우리 집을 어둡게 한 것 같습니다. 또 막내 오빠는 중학교를 큰 형네 집에 가서 다니면서 구박을 받았던지 큰형에 대한 불만이 많았습니다. 그래서 큰오빠를 아끼고 편애하는 아버지와 할머니에게 걸핏하면 반항이 심했습니다. 이렇게 그늘진 우리 집은 내 유년기와 사춘기를 어둡게 했던 것 같습니다.

우리 집은 다른 집과 다른 것이 또 하나 있었습니다. 일찍이 기독교를 받아들여 온 가족이 예수를 믿었다는 점입니다. 일요일이면 농사일을 중단하고 예배당에 갔으니까요. 나는 예배당에서 하나님 말씀, 예수님 말씀을 들으며 자랐습니다. 자연스럽게 크리스천이 되었고, 생각과 행동도 기독교적이 되었습니다. 기독교적이라면 술이나 담배를 안 하고 선하게 산다는 것입니다. 즉 죄를 지어서는 안 된다는 것입니다.

유년의 어두운 기억! 청년기의 실현할 수 없는 꿈과 이상,

이성에의 환상, 결혼 후엔 서울이라는 낯선 곳에 뿌리내리기 위한 몸부림과 길고 긴 문학에의 외로움과 방황, 이럴 때마다 글쓰기가 출구였습니다. 공무원인 남편의 박봉에 시달리던 시절엔 임국회 여성 살롱이나 <경찰고시>사에 글을 써 보내면서 원고료에 매달린 적도 있습니다. 그러나 그런 잡글을 쓰면서도 나의 목표는 언제나 신춘문예에 당선하는 것이었습니다. 그것이 나를 소설 쓰기에 매달리게 한 원동력이었던 것 같습니다. 신춘문예당선은 나의 소설 쓰기를 끝내게 했습니다. 제가 데뷔를 하고도 20여 년 동안 글쓰기를 중단한 것은 여러 이유가 있지만 제 목표가 신춘문예로 종료되었던 것과도 무관하지 않음을 요즘 느낍니다. 신춘문예당선은 저한테 열심히 글을 쓰라고 작가로 인정한 것인데 그 때 전 그런 것을 깨닫지 못했습니다. 개점하자 휴업한 꼴이었습니다.

첫 작품집을 내고 나니 정말 소설가로 명함을 내민 거 같습니다. 쓸 때는 심혈을 기울여 썼건만 책이 나오고 보니 모두가 부끄럽습니다. 과연 제가 쓰고자 한 것을 제대로 다 썼는지 의문입니다. 인생살이가 고단할 때마다 반짝하고 빛나던 사금파리의 빛과 같던 어떤 영감, 그 빛의 정체성과 근원을 얼마나 확연하게 드러냈는가도 의문입니다. 이제 제 글은 제가 싫어하든 좋아하든 독자에게 넘어간 것 같습니다. 엄정한 눈을 가지신 독자의 사랑만을 기다릴 뿐입니다. 감사합니다.(2012년 <우리 춤추러 가요> 출판기념회에서>

禁食 기도

아침 한 끼 금식을 시작한 지도 일 주일째다. 3년 전 지금의 집을 갖기 전에 금식을 한 일이 있었는데 그 때는 60일 동안 했다. 처음에는 40일 기도를 작정했고, 이어 금식을 시작했다.

내 집을 사서 들어가 사는 날까지는 마음을 놓을 수가 없었던지 20일을 더 연장했던 기억이 난다. 그러나 그 후로 난 금식이란 말만 들어도 힘이 빠지고 배가 고픈 것 같아 집안의 중대사가 닥쳐도 기노는 할지언정 금식까지는 엄두도 못 냈다. 금식이 뭔지 몰랐을 때 말이지, 금식의 고충을 경험한 나로선 금식한다는 것이 겁부터 났다. 그 만큼 금식이란 어려움이 따랐다. 기껏 아침 한 낀데 하고 말할지 모르지만, 가족의 음식을 손수 만들어야 하는 주부로서 금식한다는 것은 쉬운 일이 아니었다.

그런데 그 어렵고 힘든 금식을 시작했다. 남편의 승진시험합격을 기원하는 마음으로 작정기도를 시작한 것이 금식에까지 이른 것이다. 처음 이삼 일 동안은 그런대로 참을 만했다. 가족들을 위해 정성껏 차린 식탁을 봐도 먹고 싶다는 생각은 없었다. 오히려 자꾸만 살이 붙는 중년의 두꺼워지는 몸매를 다이어트할 수 있겠구나 싶어 기쁘기까지 했다. 그러나 삼일이 지나면서부턴 먹지 않는다는 고통을 실감할 만큼 배가 고팠다. 햅쌀밥의 구수한 냄새, 보글거리며 끓는 찌개, 솥의 모락모락 피어오르는 김, 들기름을 윤기 나게 발라 바삭하게 구운 김, 싱싱한 김치가 눈앞에 있건만 입에 넣어 먹을 수 없는 고통은 해 보지 않으면 모른다. 거기다가 찬바람을 타고 돋우는 왕성한 식욕으로 가족들은 밥을 어찌나 맛있게 먹는지, 빈속을 달래며 참고 있는 뱃속은 쓰리다 못해 아팠다.

그래서인지 금식 중에도 내가 왜 금식을 하지 않으면 안 되는가 하는 회의를 하곤 했다. 남들은 금식기도를 하지 않아도 반듯한 집에서 안락하게 살고, 쉽게 승진도 하는데, 매번 기도하고 금식하며 뼈를 깎는 고통을 겪어야만 집도 장만하고 승진도 할 수 있다는 것이 부당하게 느껴졌다. 하나님은 왜 내게만 가혹한가 하는 생각마저 들었다.

그러나 원망도 잠시일 뿐, 어떤 일이 있어도 합격을 해야 한다는 절박함 앞에 다시 하나님 앞에 엎드렸고 결국은 금식을 계속하게 됐다. 남편이 승진만 할 수 있다면 배고픔의 고통쯤 몇 달이라도 견딜 수 있을 것 같았다. 아니, 삼시 세 때 금식을 하라고 해도 할 것 같았다. 그 만큼 내 마음은 남편의 승진이 중요했고, 간절했다. 남편의 승진은 37세 된 남자이자 가장으로서 직장생활 10년이란 경력에 맞게 얻어야 할 계급이라고 생각했다. 또 부모님과 자녀들한테도 체면이 설 수 있는 기회가 아닌가. 더 나아가 승진한 만큼 직장에서의 위치가 견고해질 것이고 집에는 그 만큼의 생활의 여유를 얻을 수 있기 때문이다.

승진시험은 예상외로 대율이 높았다. 18대 1의 경쟁을 뚫어야 했다. 응시자들은 너나없이 이번 시험에 합격되기를 열망할 것이고 또 나름대로 책벌레가 되어 박사학위 따려는 사람마냥 공부했을 텐데 실력 이상의 운이 꼭 필요했다. 이럴 때 기도는 하는 것 같다.

밤낮으로 딱딱한 법서(法書)를 들고 앉아 공부하는 남편의 해쓱한 얼굴을 보며 지혜총기와 건강을 간구하는 내 기도는 언제나 눈물 콧물로 범벅이 됐다. 얍복강에서 환도뼈가 부러지기까지 천사를 붙잡고 씨름을 한 야곱처럼 기도로 승리하고 싶었다. 그런데도 잠깐씩 배고픔의 고통, 식욕의 유혹에 빠져서 금식을 회의했다.

사람은 먹고 자고 배실을 해야 하는 기본적인 욕구를 충족해야만 한다. 배고플 때 먹어야 하고 졸리면 잠을 자야 하고 제때에 배설돼야 심신의 건강을 유지할 수 있다. 그런데 기본욕구를 절제하면서 이 무슨 짓인가. 사랑의 하나님은 배를 곯아가면서 기도하는 것을 원하지 않는다. 나는 때때로 고픈 배를 채울 명분을 찾으며 금식기도를 중단하고 싶어 했다.

그러나 예수님의 광야 40일 금식기도를 생각하자 새 힘이 났다. 예수는 구속 사업을 완수하기 위해 40일 동안 광야에서 온전한 금식을 했다. 추위와 배고픔과 연약함으로 고통 받을 때 마귀는 떡과 권세로 유혹을 한다. 그러나 예수는 사탄아 물러가라. 네 하나님을 시험하지 말라 하며 사탄을 물리친다. 세상 권세자의 의연한 모습에 절로 고개가 숙여진다.

우리 속담에 3일 굶어 담 안 넘을 사람 없다는 말이 있다. 배고픈 자의 한계상황을 이해한 속담이다. 그러나 예수는 40

일 금식에도 먹을 것 때문에 죄를 짓지 않았다. 쓰라린 배고픔 중에도 돌들이 떡덩이가 되게 하라는 사탄의 유혹을 사람이 떡으로만 살 것이 아니라 하나님의 말씀으로 살리라 하신다. 예수의 금식을 생각하며 자칫 포기할 뻔한 금식을 이어 가기로 한다. 남편이 합격되는 그 날까지 한 끼 금식을 정성껏 해 볼 것이다.

바벨탑

가을이다. 집을 나서면 산마다 들마다 조금씩 단풍이 드는 걸 보니 가을이 완연하다. 결실의 계절 앞에서 마음이 숙연해진다. 언제나 잘 살겠다고 다짐하지만 올해도 난 잘 살았는지 살아 온 세월을 뒤돌아본다. 그리고 과연 잘 산다는 것이 무엇인지 자문하게 된다. 그까짓 인생살이 다 알 것 같은 데도 막상 나 자신과 견주면 언제나 자신이 없으니 역시 인생살이가 만만치는 않은 것 같다.

올 1월에 나는 소설집을 냈다. 40년 동안 써 온 소설을 이제야 낸다는 것이 부끄럽기도 하고 뿌듯하기도 했다. 어쨌든 나는 소설가라는 꼬리표를 달게 되었으니 내 인생을 업그레이드 한 셈이다.

소설가는 소설을 써야 한다. 소설을 쓰지 않고 머릿속으로 구상만 하여도 소설가는 소설가라는 직업에서 벗어날 수 없다. 그래서 소설가의 게으름은 거룩한 게으름이라고 하는지도 모르겠다. 그러나 이 가을은 거룩한 게으름이 나를 위로하지 못하는 것 같다. 감나무에 주렁주렁 달린 감을 바라보는 마음은 풍성하다 못해 행복하다. 만일 감나무에 감이 없다면 이 가을이 얼마나 쓸쓸할까. 마찬가지로 작가가 작품이 없다는 것은 슬픈 일이다.

올해는 이상하게도 소설 한 편 마무리 짓지 못했다. 두어 편을 시작은 했지만 아직도 마무리를 못 짓고 있다. 아니 소설 쓰기 파일엔 들어가기가 싫다. 그러다 보니 자꾸 외도를 하게 된다. 수필을 쓰고 시를 지었다. 수필집을 읽고 시집을 껴안고 살았다. 지난날 소설 등단을 하고 서예에 한동안 빠졌던 외도가 생각난다. 그 때 서예를 하지 않았다면 난 계속 소설을 썼을지도 모르겠다. 나의 서예는 <작가세계>에 응모하여 입선을 하였지만 나를 가르치던 선생님이 캐나다로 이민을 가신 뒤로 막을 내렸다. 그런데 작금도 나는 외도의 길에서 돌아설 줄을 모르고 있다. 그 동안 써 놓은 수필을 모아 보았다. 역시 수필도 40여 년의 세월을 두고 쓴 것이어서 한 권 분량은 되었다. 장르는 다르지만 문학이라는 점에서 굳이 외도랄 것까지는 없지만 소설 잘 쓰는 것이 목적인 때문인지 곁길로만 가는 내가 한심하다. 이 가을이 허탈함은 이 때문이리라.

허탈감에서 잠 못 이룬 채 아침을 맞는 날이면 내 몸은 무겁다 못해 일어날 수가 없다. 운동을 포기한 채 아침을 준비하는데 집안이 온통 싸느랗다. 아직 난방을 넣지 않은 때문이다. 옷을 껴입고 밥을 했다. 그러나 밥이 다 되어도 밥 먹을 사람이 없다. 나는 좀 늦었지만 자동차를 타고 관악산으로 갔다. 벌써 산행을 마치고 내려오는 사람들과 마주친다. 서로 인사는 없지만 그 동안 산책로에서 자주 보던 사람들이다. 입구에서부터 경보로 걷기 시작한다. 생각보다 발걸음이 가볍다. 달리기를 하면 200미터는 충분히 달릴 것 같다. 그러나 달리기를 자제한다. 무릎관절에 나쁘다는 소리를 들어서다. 등에서 땀이 흐르기 시작할 때쯤 문득 고개를 들어 주변을 본다. 이쯤 해서 돌무더기가 있기 때문이다. 사람들은 돌을 돌 위에 놓고 잠시 두 손 합장을 하고 있다가 산으로 올라가는 것을 자주 보았는데 얼마나 높이 올라갔는지 보고 싶어서다. 돌탑은 그다지 높아지지 않았다. 그러나 그 옆에 또 옆에 하고 계속 늘어나고 있다. 나는 탑에 대해 생각하며 걷는다. 인간이 탑을 쌓는 이유는 무얼까. 석가탑, 다보탑, 온갖 석탑들. 탑에는 승려의 사리가 묻히기도 하는데 왜 탑에 고승의 사리를 두는지 의문해 본다. 창세기에 바벨탑 이야기가 나온다. 사람들이 하나님보다 높아지려고 탑을 쌓는다. 사람들은 하늘에 닿는 탑을 쌓자고 한다. 그러나 탑을 쌓는 중간에 하나님은 사람의 악함을 보고 말의 혼란을 오게 한다. 말의 혼동은 탑 쌓는 일을 멈추게 하고 만다. 하나님보다 높아지려는 사람의 교만을 경계한 내용이다.

내 안에 바벨탑을 생각했다. 이 가을이 허무하고 슬픈 것은 내 안에 있는 바벨탑 때문임을 깨닫는다. 나는 그 동안 하나님을 모른 척했다. 나 혼자 바벨탑을 쌓았다. 그리고 하나님보다 높아지려고 했다. 그러나 끝내 마무리를 짓지 못한 채 낙심에 빠진 것이다. 사람은 혼자는 못 산다. 누군가가 돕지 않으면 안 된다고 했다. 귀신이 돕더라도 도와야 복을 받는다는 것이 샤머니즘의 세계에도 깔려 있지 않던가. 나는 비로소 하나님을 찾아본다.

"하나님, 제게 지혜를 주세요. 좋은 글을 쓰게 해 주세요. 좋은 아이디어를 주세요. 무엇을 어떻게 쓸 것인지 깨닫게 해주세요."

하늘을 향해 두 손을 들고 기도를 한다. 아직은 짙푸른 나무들 잎새 사이로 햇살이 눈부시다.(2012. 10. 16)

아버지 당신은 많이 가르쳤습니다

자기가 목표한 계획과 꿈이 이루어지는 것이 성공이라면 요즘 나는 열일곱 나이에 가졌던 소설가에의 꿈을 이루었다는 점에서 성공했다. 실로 25년 만에 이룬 꿈이다.

"축하합니다. 소설부문 <가라앉는 오후>가 당선됐습니다. 당선소감과 함께 사진 한 장을 보내 주세요."

꿈에나 그리며 열망하던 소식을 경인일보 문화부 기자로부터 들었을 때 나는 비명부터 질렀다. 그것은 너무나 뜻밖이었다. 신춘문예에 작품을 응모한답시고, 쿠폰 끝난 지가 한 달도 넘었건만 연습 한 번 하지 않고 치른 운전면허 시험에서 고배를 마시고, 되는 것이 하나도 없다며 자신한테 절망해서 돌아왔었는데 이 무슨 뜻밖의 희소식인가. 왜 그러세요? 기절이라도 했을까봐 놀라는 여기자의 앳된 목소리를 재차 듣고서야 내 정신은 제대로 돌아왔다.

"정말 제 작품이 당선인가요?"

하고 다시 확인하지 않을 수 없었다.

"예, 당선입니다."

전화를 끝낸 나는 옆에서 눈을 빛내며, 엄마가 당선됐어? 상금 이백만 원도 진짜로 타? 하며 묻는 딸애를 끓어 안고 뒹굴었다.

가까스로 흥분을 진정하자 어딘가로 기쁨을 전하지 않고는 배길 수가 없었다. 동생들, 오빠, 친구들, 선생님, 먼저 서울에 있는 사람들 생각이 났다. 그러나 전화를 잡는 순간 가장 먼저 전해야 할 데는 부모님 한테라는 생각과 함께 친정집 번호를 눌렀다. 눈물이 비질비질 쏟아졌다. 고인이 되신 아버지 생각이 나서다.

"난 너를 더 가르쳤어야 했는디, 그 놈의 돈 때문에 못 가르쳤다."

내 얼굴이 박힌 어느 여성지에 투고한 글을 본 아버지가 한 말이 새삼 들리는 것 같았다. 기껏 그 달치 책 한 권밖에 주지 않았건만 딸의 사진과 함께 실린 글을 보더니 많이 가르치지 못한 것을 가슴아파했다. 결혼하기 전, 취직할 생각은 안 하고, 소설을 쓴다며 책과 씨름하는 딸이어서 무척이나 미워했음이 마음에 걸렸던 모양이다.

내가 급성 식중독에 걸린 것을 보면서도 아버지는 태연하게 하늘만 바라보며 모른 척했을 정도였으니까. 그 때는 친아버지가 아닌가 하는 생각이 들었다.

아버지와의 갈등 원인은 내가 배운 만큼 사람 구실을 못한다는 것이었다. 벽지 농촌이었던 우리 동네서는 동네가 생긴 이래 딸을 고등학교까지 보낸 집이 다섯 손가락을 다 꼽지 못했는데, 가난한 내가 그 중의 한 사람이었다. 다른 집들은 집안 형편이 넉넉하여 딸을 고등학교에 보낸다지만 나는 정말 갈 수도 없는 학교를 억지로 다녔으니 아버지는 딸의 학비 때문에 고생을 참으로 많이 했다.

토요일이 되어 집에 오면 돈을 가져가야겠는데 그 때마다 아버지는 어딘가로 나가서 돈을 구해 오곤 했으니까. 아버지가 어렵게 구해 온 돈은 학교에 가서 일주일 동안 쓰기에는 너무나 적은 액수였다. 학용품을 사고 잡부금을 내기에도 부족했다. 납부금은 언제나 기한을 훨씬 넘기고야 해결됐다. 그래서 교무실로 불려간 일이 몇 번 있었다.

한번은 교무실로 불려가 창피 당한 일을 말했다. 참으로 철부지였다. 그러나 납부금 때문에 창피 당했다는 딸의 말이 마음에 걸렸는지 그 뒤로는 기한내로 챙겨 주려고 아버지는 더 애를 쓰셨다. 햅쌀을 찧어서 돈을 마련했다며 학교까지 납부금을 직접 가지고 온 일도 있었다. 방앗간에서 곧장 온 듯 얼굴이며 머리에 뿌연 겨 가루가 묻어 있었다.

그 때 난 솔직히 창피했다. 점심시간인지라 운동장에는 학생들로 가득 차 있는데 하필 그 시간에 아버지가 오신 것이다. 납부금과 사탕봉지를 낡은 보자기에서 꺼내 주시는 순간 사회 선생님이 빙긋이 웃으며 지나갈 때는 울고 싶기까지 했으니까. 애쓰시는 아버지가 계셔서 납부금은 해결하고 있었지만 고등학교를 마치는 삼 년 동안 학습자료 때문에도 고충이 많았다.

서당을 다닌 것이 교육의 전부인 아버지는 미술재료나 가정실습재료를 살 돈은 주지를 않아서였다. 그런 것은 안 해도 된다고 생각하는 모양이었다. 그래서 학습재료값을 타 가지 못하는 날이면 울기도 많이 했다. 일주일 분의 양식이 든 가방과 김치가 든 깡통을 팔이 빠져라 들고 빨개진 눈으로 논둑길을 걸었다. 가끔씩 어머니가 뒤 쫓아와 치마폭 속에 감추어 온 돈을 쥐어주며,

"이 자것아, 농사를 다 짓기 전에는 무슨 돈이 있것냐! 마른

막대기서 기름 짜기지! 니 동생도 고등핵꿀 안 보냈는디, 시집 갈 나이에 핵교는 무슨 핵교냐. 니 동생 미안 혀서라도 이젠 그만 작파 혀라."

어머니는 내가 학교를 다니는 동안 끊임없이 그만 둘 것을 종용했었다. 그것은 집안 형편이 어려워 손아래 동생도 고등학교 진학을 포기하고 집에서 부모님을 돕고 있는 데다, 내 또래 애들은 이미 시집을 간다며 선을 보러 다니고 있는데 뒤늦게 학교에 다니는 딸이 동네 사람 보기에 남부끄럽다는 것이었다. 날마다 논에 엎드려 일하느라 허리 펼 날 없으신 아버지 어머니를 생각해서라도 철부지 같은 고집은 버리라는 것이었다.

그러나 나는 중학교를 졸업하고 2년 동안 놀다가 들어간 고등학교를 포기하지 않았다. 떨어질 대로 떨어져서 너덜거리는 운동화를 신고, 축 늘어진 싸구려 책가방을 들고 다니면서도, 그렇게나마 고등학교를 다니게 된 것이 감사하기만 했다. 집에서 부모님을 돕는 동생을 보는 것이 미안하고 괴로웠지만 어쩔 수가 없었다. 나중에 취직이 되면 동생에게 미안한 만큼 갚아주리라고 마음으로 다짐만 했었다.

내가 이 년 동안이나 놀다가 진학할 결심을 하게 된 것은 오로지 소설가가 되겠다는 꿈이 있었기 때문이다. 중학교 때부터 책읽기를 좋아한 나는 졸업한 뒤에도 짬만 나면 소설을 읽곤 했는데 어느 날 <살얼음을 딛는 소녀>라는 소설을 읽은 적이 있었다. 상당히 감상적인 소설이었던지 눈물을 흘리며 무척이나 재미있게 읽었다. 그런데 그 책을 쓴 저자가 열여섯인가 열일곱으로 내 또래의 소녀였다는 것을 안 순간 가슴에서 망치질 소리가 나기 시작했다. 나도 소설을 쓰고 싶다. 소설은 어른이 나 쓰는 것인 줄 알았는데 나이가 어려도 쓸 수 있는 것이구 나.

그 날 밤잠을 자지 않고 소설을 쓰기 시작했다. 밤을 꼬박 새우며 쓴 첫 작품은 <군밤>이라는 것이었다. <가을의 여인>이 라는 감상적인 연애소설도 며칠 내로 써냈다. 무식하면 용감하 다고 소설이 뭔지도 모르면서 쓴 두 편을 이리 남성여중에 다 니는 사촌 동생 편으로 해서 그 학교에 계신다는 소설가 선생 님한테 보냈다. 좋은 소설을 썼다고 칭찬이 가득 담긴 편지가 올 날만을 기다리며 부푼 가슴으로 집배원이 오는 길목만 눈이 빠져라 지키기를 수십 일, 봄도 다 지나고 여름이 되어 들판의 벼들이 어린애들 키만큼 파랗게 자라던 무더운 날, 논에서 김 매기를 마치고 집에 오니, 집배원이 편지요 하며 하얀 봉투 하 나를 떨어뜨리고 갔다.

그 동안 기다리던 소설가 홍석영 선생님(현재 원광대학교 교 수임)한테서 온 편지였다. 너무나 기뻤다. 그러나 선생님의 편 지글에는 '소설을 쓸 자질은 풍부하지만 소설도 고등교육 이상 을 받지 않고는 힘이 듭니다.'라고 씌어져 있었다. 적어도 고등 학교 과정은 마쳐야 된다는 것이었다.

우리 집 형편을 볼 때 고등학교에 갈 형편이 전혀 못 되는데 어떻게 공부를 다시 할 수 있을 것인가가 의문이었다. 더구나 내 밑으로 아직 학교에 다니는 동생이 셋이나 있지 않은가. 중 학교 이학년에 다니는 동생도 졸업만 하면 집에 들어앉힌다는 아버지 어머니의 말씀을 하루면 서너 번씩 들어야 할 만큼 우리 집 생활은 어려웠다. 나는 어떻게 하면 학교에 다닐 수 있을까를 고민하기 시작했다. 중학교 졸업 당시 장학생을 이십 명이나 뽑는다는 전주 기전여고에 합격을 한 일이 있었지만 장학생이 되지 못하자 쉽게 포기했던 지난날을 후회하기도 했다.

한 해가 지나고 난 이듬 해였다. 중학교에 다니던 동생이 졸업하는 해이기도 했다. 집안 형편을 더 생각하던 동생은 고등학교에 갈 마음이 없는 것 같았다. 소설가가 꼭 되고 싶은 나는 동생이 졸업한 만큼의 여유를 생각하며 입학시험 날짜를 손꼽아 기다렸다. 물론 아무도 모르게 나 혼자만의 계획이었다. 아버지 어머니가 집안에 안 계시던 어느 날이었다. 나는 다섯 개의 손자국이 선명한 쌀독에서 세 되를 퍼내어 자루에 담고는 어머니의 쫙 펼쳐진 손자국인 것처럼 다시 찍어 놓았다. 방으로 들어가 시집 갈 때 해준다는 장롱 깊이 감추어 둔 꽃무늬 실크천도 같이 쌌다. 보자기를 들고 집을 나왔다. 논둑길로 해서 정류장으로 가는 내 걸음은 더뎠다. 세 되의 쌀이 담긴 보자기를 앞으로 돌려서 들었기 때문에 자꾸만 도랑으로 비척비척 넘어질 듯했다. 가을걷이를 끝낸 들판이 너무 휑하여서, 금방이라도 어머니가 뒤따라와 은순아! 은순아! 어디 가냐! 하고 부를 것만 같았다.

시험을 보는 이박 삼일 동안 숙식할 장소를 찾지 못한 나는 보자기를 든 채 시내를 돌아다녀야 했다. 중학교 때 화가가 되겠다는 꿈을 갖고 돌아다녔던 거리였는데 처음 와 본 양 낯설음을 느끼며 이곳저곳을 기웃거렸다. 애초 찾아 가려고 했던 초등학교 동창생이 다니던 편물점이 없어져서였다. 해가 저물고 거리의 불빛이 밝아졌다. 염치불구하고 먼 친척집이라도 찾아 가야겠다고 생각하며 발걸음을 옮기고 있는데, 초라하게 생긴 아주머니가 나를 보고 아는 척을 했다. 우리 동네랑 우리 언니, 오빠를 다 안다며 자기를 모르냐고 했다. 그러고 보니 알 것도 같았다. 단감나무가 휘어지게 늘어져 있는 동네 끝 집에 살던, 아주머니 같은 처녀 생각이 났다. 너무 가난해서 시집간다는 소문도 없이 동네를 떠났는데 세탁소 아주머니가 되어 있었다.

나는 사정이야기를 하고 그 집에 쌀 세 되가 담긴 자루를 내놓고 숙식하며 입학시험을 치룰 수가 있었다. 특기생 시험으로 문예부에 가서 글짓기도 했다. 부모님이 모르는 시험이니 만큼 특기장학생이라도 되면 입학금의 일부를 면제 받을 수 있을 것 같아서였다. 학교 다닐 때는 서예부에서 활동하느라 한 번도 글짓기를 해 본 적이 없는 나였건만 자신은 있었다.

글제는 <정거장>이었다. 나는 소설로 썼다. 글짓기를 해 본 일은 없으나 소설은 좋아했으니 그 편이 쉬워서였다. 시험 발표 날 받은 합격증 밑에는 특기장학생이란 쪽지가 붙어 있었다. 물론 학비의 일부가 면제되는 혜택을 받게 되었다. 하지만 아버지와 어머니는 합격을 조금도 기뻐하지 않았다. 고등학교 입학시험을 치르고 온 것부터 못마땅하게 여기는 터라 절대로 학교에 갈 생각은 말라고만 했다.

나는 밥을 굶으며 학교에 보내달라고 버텼다. 구석방에서 나오지도 않았다. 지금 생각하니 부모님을 너무 힘들게 했다. 아버지와 어머니는 날마다 가마니를 짜고, 동생들은 새끼를 꼬아

됐지만 학교에 보내 달라고 철없이 떼만 부렸으니 말이다. 상
업학교니까 학교를 졸업하면 취직을 해서 돈을 벌어 공부시키
느라 든 돈을 다 갚겠다고 호언장담도 했던 것 같다.

　그러나 어렵게 학교를 마친 나는 취직도 못하고 집에서 글을
쓴다는 핑계로 일도 하지 않았으니 자연 아버지의 미움을 살
수밖에 없었다. 워낙 상업계와는 적성이 맞지 않았는지, 학교
에서 추천해 준 회사를 보름 만에 그만 둔 것이 원인이었다.
빠르게 시집 간 내 또래는 벌써 아기를 업고 친정에 오는데 그
제야 학교를 졸업한 딸은 일손이 바쁜 농번기 때도 밤늦도록
글을 쓴다며 아침녘에야 잠을 자고 있으니 속이 있는 대로 상
했을 게 뻔했다.
　아버지는 늦잠을 자고 있는 방문을 열어젖히며 "니 동생들
부끄럽다. 배웠다는 것이 고작 그것이냐! 널 가르친 것이 한
(恨)이다." 하며 야단야단을 하셨다. 난 아버지를 노엽게 한
자신을 미워하며 더욱 더 소설에의 열망을 태웠다. 그것은 아
버지와 어머니한테 뭔가를 보여주어야 할 것 같아서였다. 어려
운 중에도 고등학교를 마쳐 준 부모님께 보답을 하기 전에는
시집도 안 갈 작정이었다.

　한 해 두 해 세월이 흐른 만큼 나이를 먹어 어느덧 노처녀가
되어 있었다. 세 동생들이 복사꽃처럼 피어나는 게 하루가 다
르게 느껴졌다. 아버지는 시집조차 가지 않는 딸을 보지도 않
으려고 했다. 아버지께 빚을 갚겠다며 밤을 새워 써 놓은 소설
은 응모만 하면 떨어졌다. 소설이 뭔지도 모르면서 쓴 것을 겁

도 없이 응모했으니 당연하다. 능력 부족을 서서히 느끼기 시
작했다. 인간 낙오자가 됐다는 비애를 되씹으며 달팽이처럼 구
석방에 들어앉아 나오지도 않았다. 그 때 도회지에서 살았다면
무슨 일을 저질렀을지도 모르겠다.

   그러나 감사하게도 나는 넓디넓은 황금 들판과 뻘건 물이 흐
르는 대천(大川)이며, 물고기 떼가 헤엄치고 다니는 도랑물밖
에 없는 벽촌에서 살았기에 절망의 탈출구를 사람 속에서 찾을
수가 없었다. 절대자 하나님한테 가서 엎드려 우는 날이 많았
다. 한 번은 그토록 나를 미워하던 아버지가 함께 철야기도를
하자고 했다. 넌 공부를 해야 할 팔자를 타고 난 것 같은데 널
도와 줄 힘이 없으니, 시집이나 잘 가게 해달라고 기도하자는
것이었다.

   두꺼운 오버에 담요를 챙겨 들고 아버지를 따라 찬바람이 휘
몰아치는 잔등을 넘어 교회로 갔다. 동네마다 불은 꺼졌고 쥐
죽은 듯이 조용한 시각이었다. 아무도 없는 텅 빈 교회의 차디
찬 마룻바닥에 무릎 꿇고 있는 아버지 옆에 가만히 앉아 두 손
을 모으고 눈을 감았다. 마음속에 소원하는 것이 많았지만 그
때는 기도할 줄을 몰랐다. 입이 떨어지지 않았다. 아버지는 울
면서 기도했다. 평소에 아버지는 가족의 건강과 진로를 위해
아주 조용하게, 기도를 하셨는데 그 날은 시종 우셨다. 아버지
가 울면서 기도하자, 나도 두 손을 모았다. 그 날 밤 서울로
시집가게 해 주세요 라는 기도만을 했다. 이유는 서울에 가야
황순원 같은 유명한 소설가를 만날 수가 있을 것 같아서다.

   내 소설을 보여줄 유명한 작가를 만나고 싶다는 열망이 서울

로 시집가게 해달라는 기도가 되었던 것이다. 지금 생각하면 순진하기 짝이 없다. 서울이 어떠한 곳이고, 서울 사람이 얼마나 바쁘게 사는지를 그 때는 상상도 못했다. 서울만 오면 유명한 사람도 이웃집 아저씨 만나듯 쉽게 만날 수 있다고 생각했으니까.

이듬 해 오월 나는 갓 제대를 했다는 남자를 만나 결혼을 했다. 그리고 그 해 십일월에 서울로 올라왔다. 물론 그 동안 써놓은 소설을 배부른 몸으로, 직접 들고 조선일보사에 내기도 했다. 결과는 낙방이었다. 비록 시집은 왔지만 아버지를 위해서라도 당선을 하고 싶었는데 또 고배를 마시고 나니 글 쓸 마음이 없어졌다. 이제는 돈을 많이 벌어 잘 사는 모습을 보여주는 길밖에 없는 것 같았다.

그러나 돈을 많이 벌기 위해 시작한 사업을 한 달 만에 그만두고 남편은 실직을 했다. 둘째 아이까지 태어났건만 무위도식하는 남편을 보니 견딜 수가 없었다. 집에서 놀고 있는 남편 대신 돈을 한 푼이라도 벌겠다고 초조하게 날뛰었다. 시작한 일은 김 장사였다. 중부시장에 가서 좋은 김, 중간 김으로 해서 한 보따리 받아와 동네 문전마다 들고 다녔다. 나를 아는 몇몇 사람들이 사주어서 첫 번 떼어온 것은 하루 만에 다 팔았다. 그러나 두 번째 또 가져왔을 때는 갈 곳이 없었다. 아는 친분이라 인사로 한번은 사줬을 것이지만 자꾸만 또 팔아달라고 하면 귀찮아 할 것 같은 내 선입감이 앞서는 것도 문제였다. 나는 떼어온 김을 팔 목적으로 시장으로 갔다. 그러나 김을 꺼내놓고 앉아 있으려니 부끄러워 고개를 들 수가 없었다.

한 톳도 팔지 못한 채 보따리를 싸들고 집으로 오고 말았다.

그 날 남편은 경찰관 시험에 응시한다며 책을 사들고 들어왔다. "당신을 위해서라도 합격하고 말 거다. 두고 봐. 내가 당신 기(氣)를 살려 줄 테니까." 새벽녘에 눈을 뜨면 그 때까지도 공부를 하던 남편이 내게 하는 말은 언제나 내 기를 살려 주겠다는 고마운 말만 했다. 아내와 자식을 위하는 결심과 노력의 덕분인지 그 해 바늘구멍 같다는 경찰관시험에 합격을 했다. 그 후에도 남편은 날 위해서 승진을 하겠다는 말을 하며 열심히 공부를 했다. 나의 꿈을 알고 있는 남편은 그 길만이 내 자존심을 살리는 길이라고 생각하는 것 같았다.

경찰관이 된 남편은 경찰학교에서 교육을 마치고 곧 발령을 받았다. 첫 근무지는 마포경찰서였다. 남편이 직장에 나가게 되자 우리는 굶어도 배가 부른 것 같았다. 단칸 셋방에서 살아도 남부러운 게 없었다. 금산장날마다 내려가 인삼을 받아다 파는 장사를 다시 시작했는데도 창피하지가 않았다. 그것은 희망이 생겼기 때문이다. 남편은 어느 날 책 한 권을 내놓았다. <경찰고시>라는 책이었다. 당신도 글을 써서 내봐. 채택되면 고료도 많이 준다더라. 평소에 방송국이나 잡지사에 수필을 써서 전자밥통이나 아이들 옷 등 원고료를 자주 타 쓰는 것을 알고 있는 남편인지라 독자의 글 란에 관심이 많았다. 최우수상은 삼만 원을 준다고 나와 있었다. 그 무렵 잡지사에서 독자란에 투고하는 글의 원고료는 주부생활에서 주는 것 외에는 원고지 십 매 써서 보내면 만원이었는데 꽤나 괜찮다 싶었다. 더구

나 연말 수석을 하면 십오만 원이라는 상금도 있다고 했다. 그
때부터 나는 경찰고시 단골 투고자가 되었다. 글감이 될 만한
소재만 만나면 써서 보냈다. 겨냥하는 것은 연말수석이었다.
소설가가 되겠다며 잡문은 절대 쓰지 않으리라던 청년기의 결
심은 현실 앞에서 무너져 버린 지 오래였다. 감질나는 원고료
지만 내 생이 걸리거나 한 것처럼 매달렸다. 83년 1월 나는
기어이 연말수석을 따내고야 말았다. 십오만 원의 상금을 받아
낸 것이다.

　내가 소설공부를 시작한 것은 삼년 육 개월 전부터였다. 그
전에 낙원동에 있는 사설 문예학원에 몇 달 다닌 적이 있었는
데, 거기서 만난 소설가 구인환 선생님의 권고에 힘을 입었다.
강의를 듣고 돌아오던 중 우연히 전철 안에서 다시 만나게 되
었는데, 내가 소설을 원래 썼다고 하자 그러면 소설을 쓰지 왜
수필을 쓰냐고 했다. 지금 소설가는 많지만 글을 열심히 쓰는
작가는 적다는 것이었다. 그동안 써놓은 원고까지 다 태워버리
고 소설책조차 보지 않던 내 가슴에서 다시금 망치소리가 나기
시작했다.

　이듬해 1월 동아문화센터 소설연구반에 등록을 했다. 공부
를 시작한 첫날, 그 해 신춘문예에 당선됐다는 여자가 나와서
인사를 하는데 하늘의 별을 보는 것 같았다. 집으로 돌아오면
서 나는 기도를 했다. 저도 신춘문예로 등단하게 도와주세요.
라고. 그로부터 삼년 째 되는 올해, 그 꿈이 성취되었다. 물론
내 글이 뛰어나서 당선됐다고 믿지는 않는다. 다른 사람보다
운이 좋았는지도 모르겠다. 그러나 주사위가 나를 향해 던져졌

다는 사실만은 두고두고 감동하게 만들었다. 하나님은 내 편이었다. 아무도 없는 한밤중에 나를 데리고 가서 눈물 흘리시던 아버지의 기도가 헛되지 않았다는 생각이 날이 갈수록 믿어진다. 기뻐하시는 어머니, 형제들을 보니 지난날 배운 값을 못해서 미안하기만 했던 마음이 풀리는 것 같았다. 아버지가 살아계셨다면 얼마나 좋아했을까.

내가 널 많이 가르쳤어야 하는데 그놈의 돈 때문에 더 못 가르쳤다며 얼굴 붉히시던 아버지의 노안이 지금도 선연하다.

"아버지, 당신은 많이 가르치셨습니다. 전 아버지를 위해서라도 열심히 글을 쓰겠어요. 좋은 글, 감동을 주는 글을 쓰는 작가가 되겠어요. 아버지도 하늘나라에서 도와주실 줄 믿어요."

할머니의 기도

　나는 어릴 때부터 할머니의 기도를 들으며 자랐다. 아랫목에
자리 잡고 계시는 할머니의 기도는 참으로 지루했다. 조석으로
드리는 가정예배만으로도 충분히 질려 있는 손녀딸들은 할머니
가 엎드려 기도를 시작하면 이불을 머리까지 둘러쓰고 잠을 청
했었다. 또 새벽녘에 깨어나면 제일 먼저 어김없는 할머니의
기도 소리를 듣곤 했다. 할머니는 자나 깨나 기도를 하셨다.
날씨가 풀리면 예배당에 가서 했고, 추운 겨울엔 낭신의 잠자
리에 엎드려서 기도했다. 할머니의 기도는 언제나 간절했다.
집안의 병마를 물리쳐 달라고 하는가 하면 혼자된 고모를 위해
눈물로 호소했다.

　할머니는 기도하며 밤을 꼬박 새울 때도 있었다. 특히 집안
에 어려운 일이 생기면 아예 금식을 하며 기도에 돌입하신다.
구호물자로 받았다는 군용 털외투를 무겁게 걸치고 교회로 가
신 할머니는 새벽에 들어오셨는데 지금 생각하니 철야기도를
한 것이다. 할머니의 기도는 중요한 때마다 응답을 받는 것 같
았다. 내가 중학교 때 아버지는 위궤양으로 수술도 거절당한
채 물 한 모금도 못 마셨다. 그 때 할머니는 며칠씩 교회당에
서 금식기도를 하더니, 어느 날 기쁜 듯이 집에 와서는 아버지
한테 아침을 먹으라고 했다. 아버지는 아침식사를 맛있게 드셨
다. 그것은 기적이었다. 물 한 모금 못 마시겠다던 아버지가

음식을 잡숫다니, 아버지는 그 후 건강해져서 77세에 돌아가
실 때까지 잘 잡수셨다. 그 뿐인가. 작은 어머니 담석증수술
때도 혼자 철야기도를 했고 막내 동생이 자반 병으로 사경을
헤맬 때도 할머니는 금식기도를 하셨다. 그리고 그 때마다 응
답받아 건강을 되찾는 기쁨을 맛보았다. 생각하니 할머니가 존
경스럽다. 젊었을 땐 꽤나 미모였을 것 같은 깨끗한 모습에 자
그마했는데 어디서 그런 용기와 결단력과 담력을 가졌는지 모
르겠다.

청년 때 나도 기도에 열중한 적이 있다. 어려서부터 할머니
의 기도를 들으며 자란 탓인지 기도야말로 소원을 이룰 수 있
고 성공하는 지름길이라고 생각해서다. 그러나 아무리 기도해
도 내가 바라는 소원은 아무것도 이루어지지 않았다. 가고자
했던 대학도 못 갔고 취직도 못했다. 나는 좌절하고 말았다.
하나님은 없다고 생각했다. 그런데도 아이러니한 것은 계속해
서 기도를 멈추지 않았다는 사실이다. 얼마나 불행한 일인가.
뒤늦게야 깨달은 것이지만 믿음도 없이 살아계신 하나님을 미
신처럼 의지했던 것이다.

주님을 만난 것은 남편의 실직과 함께 찾아온 빈곤으로 일어
설 힘을 잃어버린 어느 새벽이었다. 차가운 교회의 마룻바닥에
엎드려 기도를 어떻게 해야 할지를 모르고 있다가 죽여 달라는
말을 하며 울고 또 울었다. 그것은 할머니가 처음 교회에 가서
기도는 하고 싶은데 어떻게 해야 할지 몰라 밤늦게까지 엎드려
있다가 다급해져서 했다는 기도다. 나는 할머니의 기도가 생각

났다. 흉내 내고 싶었다. 그런데 생각지도 않았는데 눈물이 쏟아지기 시작했다. 가슴에 맺힌 것들이 모두 토해지듯이 나는 목을 놓아 울었다. 얼마나 울었을까. 기도를 마친 나는 처음 올 때의 무거운 마음이 사라졌음을 느꼈다. 어둠뿐이던 세상이 밝고 아름답게 보였다. <먹든지 마시든지 무엇을 하든지 주의 영광을 위해 살라>란 성경말씀이 마음에서 깨달아졌다. 30여 년 동안 갈등하던 인생의 수수께끼가 풀린 것이다. 먹든지 마시든지…… 그 날 이후로 나도 할머니처럼 기도 없이는 못 산다는 생각을 하게 됐다. 기도는 하나님을 향한 마음이고, 빛을 향한 마음이다. 빛은 모든 것을 밝혀 준다. 모양과 색깔은 물론 미추(美醜)를 구별해 볼 수 있고 인격의 고저(高低)를 헤아릴 수도 있다. 빛 가운데서는 수렁에 빠질 염려도 없고 어둠을 만나지도 않는다.

문득 3남 1녀의 자녀와 그 아래 손자손녀들을 위해 기도하시던 할머니의 기도가 지금도 응답되고 있음을 느낀다.

감사하는 삶

문예원을 통해 알게 된 K여사 댁을 방문했다. 모델처럼 후리후리하게 큰 키에 고운 피부를 가진 여사는 화려한 용모에 어울리지 않게 좋은 글을 써내어 문우(文友)들을 놀라게 하던 분이다. 몇 개월 정도의 짧은 사귐에도 꽤 친숙해진 우리는 글을 쓰면 서로가 배우는 입장이라는 동료의식에서 교환해 보며 만남의 기회를 자주 가졌는데, 문예원의 종강 이후로는 만나지 못했다. 그래서 우리는 서투나마 애써 완성한 글을 추고도 할 겸 전화상으로 읽어 주며 조언을 구하던 중 K여사가 살고 있는 주변 정경을 그린 글을 대하게 됐다.

우거진 숲과 조용한 오솔길이 있고, 풀벌레 소리며 새 소리를 들을 수 있어 살기가 좋다는 내용이다. 금방 마음이 끌린다. 먼 곳도 아니고 개포동에 그런 곳이 있다니 자연 속에 젖어도 볼 겸 해서 S여사와 동행하여 놀러갔다. 과연 K여사가 살고 있는 아파트는 나무가 많아 자연경관이 아름다웠다. 꽉 들어 찬 고층아파트 뒤로 돌아앉듯이 숲을 끼고 있는 자연의 멋진 배경이 아파트 생활에서 자칫 잃어버릴 뻔한 정서를 채우기에 흡족한 정경이었다. 거실에 앉으니 대모산(代母山)의 봉우리가 아파트 위로 그림처럼 솟아 있고 옆으로 구룡산이 시원스럽다.

우리는 K여사가 마음이 울적할 때면 거닐곤 한다는 숲속 오솔길도 함께 걸었다. 자연 그대로를 살린 채 보행에 불편이 없게 시멘트로 다듬은 오솔길이 잡목들 사이로 정취가 있게 구부러져서 숲의 싱그러움과 함께 한층 낭만적이었다. K여사가 좋은 글을 쓰는 이유를 알 것 같았다. 그리고 자연을 지척에서 접하면서 현대식 구조의 아파트에서 편리하게 살고 있는 이곳 주민이 부러웠다. 불현듯 교회당에서 내려다본 신정동 우리 동네의 삭막한 모습이 떠오른다. 나무 한 그루 찾아보기 힘든 지역으로 언제 개발될지 모르는 가운데 개발지역으로 묶여 날이 갈수록 주택은 불량해지고 거리는 지저분해져 가는 동네가 아니가.

환경은 정서생활과 관계가 깊다고 하는데 불량한 환경에서 내 귀여운 자녀들이 자란다고 생각하니 서글퍼진다. 집으로 돌아오는 길에 집 근처 부동산에 들려 환경 좋은 신시가지 쪽으로 전세가격을 알아보았다. 우리 집을 전세 놓고 모자라는 돈은 융자를 내서라도 이사할 생각에서다. 그러나 우리 집의 전세 가격이 예상보다 올랐음에도 불구하고 환경 좋은 쪽의 전세 가격은 두 곱 이상 더 비쌌으므로 실망만 하고 말았다.

이 날 밤 울적하고 서글픈 심정을 숨긴 채 잠을 청해야만 했다. 쥐꼬리만 한 봉급을 받으면서도 직장생활에 만족하는 남편이 미운 생각도 들었지만, 온라인제도로 월급봉투는 만져도 못 보는 남편이 무슨 죄냐 싶기도 했다. 모두가 박복한 내 탓으로 돌리다 보니 까닭 모르게 가슴이 멘다.

결혼 11년 동안 허리띠를 조이며 백 원 하나도 쪼개 쓰는 자세로 살았건만 오두막집 한 칸 마련한 것 외엔 해놓은 게 없다. 편리한 문화생활에 대한 염원은 어느 세월에 이루어질 것인지 까마득한데 철없는 아이들은 아파트로 이사 가자고 조르길 몇 번인가. 요즘 딸애의 고민이 있다면 학교에서 아무리 공부를 잘 하고 예쁜 옷을 입어도 아파트 쪽 애들과는 친구가 될 수 없다는 것이다. 딸애의 성격이 소심하고 조용한 것도 이유겠지만 가난한 달동네 애들이라는 선입관이 더 문제인 거 같다.

깊은 수면 탓인지 어제의 우울한 마음은 사라지고 아침을 짓는 내 마음은 가벼웠다. 개구리 올챙이 적 생각 못 한다고 오두막도 없어 월세 전세로 전전하던 때를 잊고 잠시 우울했던 것이 우습기만 하다. 지금은 환경이 나쁘지만 앞으로 개발되면 우리도 깨끗한 아파트에서 살게 될 희망이라도 있지 않은가. 안양천변을 체육공원으로 만든다는데, 운이 좋으면 아파트 창가에 앉아 안양천을 굽어다보는 특혜도 누릴 수 있지 않은가. 가훈이라며 써 붙인 <감사하면 행복 오고 불평하면 불행 온다>를 새삼 올려다보았다. 언제 어느 때든지 이 글귀를 보며 감사하며 살겠다는 각오로 여름내 붓글씨 연습을 하여 써 붙인 것이다.

잠시나마 물질주의가 되어 버린 내 자신을 책해 본다. 비록 오두막이지만 집이 있고 남들이 부러워하는 공무원으로 열심히 일하는 남편과 건강하게 자라는 아이들이 있건만 욕심에 눈이 어두웠다는 생각에 부끄럽다. 가진 것을 족하게 알라고 했는데 융자까지 내서 이사 가겠다고 부동산까지 가서 시세를 알아본 어리석음을 자책해 본다.

시어머니는 군자였다

요즘 냉장고문을 열 때마다 시어머니의 사랑을 피부로 느낀다. 냉장고 가득 채워진 야채며 과일 그리고 돼지고기까지 어머니의 사랑과 후덕함을 느끼게 한다.

추석명절 이틀째가 되어서야 단일치기로 내려간 며느리건만 나무람도 없이 미리 전화 연락을 받은 어머니는 챙길 수 있는 것이라면 무엇이든지 아낌없이 챙겨놓고 기다렸다. 명질과 올림픽이 한창인 분위기에 맞게 한복을 곱게 차려 입고 간 나는 크고 작은 보따리에 아연실색하지 않을 수 없었다. 여행용 숄더백을 가지고 갔으니 참깨같이 가벼운 것이라면 몰라도 열 근이 넘는 고추 부대며 밤이 든 쇼핑 가방이며 호박 등 엄두도 낼 수 없어서다. 내가 놀라며 가져가기를 겁내자 어머니는 웃으시며 아버지도 같이 갈 것이란다. 서울에서 열리는 올림픽도 구경할 겸 서울 나들이를 남편이 권했다는 것이다.

그러나 그것은 구실일 뿐, 자식에게 많은 것을 주고 싶어 하는 어머니의 깊은 속마음을 생각하니 자꾸만 무거워지는 시아버지의 등짐이 죄송스러웠다. '호박이나 밤은 서울에서 사 먹는 게 낫다'고 말하자 서울 것과 다르다고 말씀하시는 어머니의 표정이 조금 어두워지는 것이 며느리의 말이 서운한 것 같았다.

당신들이 여름내 가꾼 것이기에 누구보다도 자식과 손자에

게 먹이고 싶어 하는 부모의 마음임을 몰라주는 것 같아서 일
거다.

고향에 다녀온 지가 엿새째건만 아직도 집에는 어머니의 사
랑으로 훈훈하다. 냉장고 안에 아직도 많은 풋고추나 애호박,
청국장이 있어 끼니마다 식욕을 돋우어 주었고, 대문 앞에 널
어놓은 빨간 고추는 시집에서 보내온 것이라고 해서 동네 아주
머니들의 부러움을 사고 있다. 날이 갈수록 어머니의 사랑에
감동한다.

신혼 초, 글을 쓴다고 책장만 넘기다가 시집이라고 왔으니
찌개만 끓이려 해도 마실 나간 어머니를 찾았다. 그때마다 싫
은 기색 한 번 아니 하시고 당신은 친히 국을 앉혀주고 밥을
앉혀주었다. 그래서인지 대부분의 며느리들은 시집살이가 힘들
고 고단하다고 하지만 나는 고단한 시집살이를 한 것 같지가
않다. 엄격한 시아버지와 손위 시누이들이 있어서 피곤하기도
했지만 친정어머니만큼이나 자상하고 사려 깊은 시어머니의 든
든한 백과 배려로 돈이 없다는 것 말고는 크게 힘든 일이 없었
다.

시어머니는 치마를 둘러서 여자지 풍기는 덕행이나 인품으
로 볼 때 어진 선비와 같다. 저녁이면 놀러오는 동네 아주머니
들은 한결같이 시어머니한테 하소연을 하고 가는데 그때마다
싫은 내색 한 번 없이 누구의 얘기든지 묵묵히 들어주시던 시
어머니는 마치 예수님 성자 같았다. 지루한 이야기를 듣다가
간혹 졸기도 했지만 간간히 고개를 주억이며 수긍해 주는 것도

잊지 않으셨다. 상대를 인정하고 배려할 줄 알았던 시어머니, 한글도 제대로 배운 바 없어 성경을 더듬거리며 읽었지만 타고 난 성품이 어질어 동네 사람들한테 존경을 받았던 시어머니는 남자로 말하면 군자였다. 그래서인지 나는 시어머니를 닮고 싶 다는 생각을 많이 한다. 허물을 감싸주고 주변을 화평케 하며 따뜻한 성품으로 편안하게 해 주는 모든 점을 말이다.

지금 시어머니는 건강이 좋지 못하시다. 3년 전에 발병한 풍 으로 인해 수족이 마비상태다. 다행히도 하나님의 은혜로 반신 불수는 면했다고 감사하는 어머니지만 밥 수저를 드는 오른손 이 많이 거북함을 느낀다. 그런 손으로 음식을 만들고 집안일 을 하며 시골에서 두 분이 사시니 자식 된 도리를 못하는 것 같아 죄송하다. 얼마 안 되는 용돈을 보내는 것으로 자식의 책 임을 다한 양 무관심했던 것도 미안스럽다.

그러나 아직 부모님을 편하게 모실만한 집이 없어 우리 집에 가서 살자는 말도 못하고 있으니 마음만 답답할 뿐이다. 어머 니 조금만 참으세요. 어머니를 모실 수 있는 집을 사서 꼭 모 셔오겠습니다.(1987)

꽃이고 싶다

오늘은 사랑스런 상대를 두 번 접하게 되어 기분이 좋은 날이다. 아침에 구역예배를 드리기 위해 전화를 하니 집사님의 4학년짜리 아들이 똘똘하고 귀여운 목소리로 전화를 잘 받는다. 무엇을 얻은 것도 아니건만 기분이 좋았다. 누구와 접촉할 때 친절하고 부드러운 상대를 만나면 하루가 즐거운 것을 모르는 바는 아니지만 새삼 마음 깊이 기쁨을 느낀 날이다.

또 기분 좋은 것은 아파트 입구에 소담스럽게 핀 노란 국화를 보아서다. 샛노란 국화가 작고 싱싱하게 피었는데 그 선명함이 너무 예쁘고 사랑스러워 한 아름 꺾어다 화병에 꽂아 두고 오래오래 보고 싶었다. 하지만 이곳을 지나는 모든 사람에게 기쁨을 주는 꽃이니 잠시 서서 감상하는 것으로 끝내야 했다.

고시원 관리자로 일한 지도 4개월이 접어든다. 그 동안 빈방을 채우고 불편사항을 체크하여 시정해주고, 입실자, 퇴실자를 파악하여 정리하고 사용료를 계산하고, 우편물을 받아주는 등 끝도 없이 많은 일거리들을 도맡아 감당하느라 외출 한번 제대로 못했다. 일하다 보면 계절이 바뀌는지도 모른다. 더우니까 여름이고 쌀쌀해지니까 가을이 왔나 보다 할 정도였다. 불행 중 다행인 것은 바쁜 중에도 심심하지 않다는 점이다.

계단을 오르내리면서 젊은 학생들과 접하는 것도 즐겁지만

중년의 나이에 내 집에서 일을 할 수 있다는 만족감 때문인지
도 모르겠다. 그러나 주변에서는 나를 보고 한 마디씩 염려를
해 준다. 애들도 다 키워놓았고, 그만하면 신랑이 버는 돈으로
먹고 살만한데 여행도 하며 누리며 살라는 것이다. 그 말은 크
게 틀리지 않다. 그러나 대학생인 아들과 딸의 뒷바라지를 하
려면 아직 쉬기에는 좀 이르다. 어쨌든 일에 묻혀 삭막하게 산
탓인지 모처럼 아파트 마당에 핀 국화를 본 내 마음은 감동이
넘쳤다.

꽃은 세상을 아름답게 하고, 사람의 마음을 즐겁게 한다. 그
래서 사람들은 기쁠 때도 꽃을 선물하고 슬플 때도 꽃을 선물
한다. 먹어서 배가 부른 것도 아니건만 꽃을 받는 마음은 한없
이 즐겁고 행복하다. 그러나 아무에게나 꽃을 선물할 수는 없
다. 또 아무에게나 해서도 안 되는 것이 꽃이기도 하다. 남녀
가 꽃을 선물한다면 그것은 사모의 정을 표한다. 하지만 평범
한 관계를 유지하는 남녀라면 꽃을 선물해서는 안 된다. 오해
를 일으킬 소지가 있기 때문이다.

이렇듯 꽃은 사람을 한없이 기쁘게 해주면서도 많은 의미를
담고 있어서 이용에도 신중해야 한다. 국화 곁을 떠나 엘리베
이터를 타고 오르는 동안 내내 미소를 띠고 있는 나 자신을 느
끼며 문득 꽃과 같은 사람이 되고 싶다는 생각을 해 본다.

누구에게나 행복감을 주고, 어느 장소에 있든지 주변을 밝게
하는 사람, 없으면 허전하고 언제 봐도 반가운 사람은 꽃과 같
은 사람이리라. 그런데 솔직히 나는 자신이 없다. 마음은 소원

이나 타고난 성격이 유쾌하지가 못하다. 내 안에는 제멋대로인 돌멩이도 있고, 찌르는 가시도 있고, 빳빳하기만 한 대쪽 고집도 있고, 습하고 우울한 진흙더미도 있다. 타고난 미모라도 있었다면 좋았을 텐데 그것조차도 허용 받지 못했다. 그래서 불평하고 불만이 많다.

　　그러나 낙심하지 말자. 노력하면 안 되는 일이 없으니까. 가끔 내가 죽은 후에 사람들이 나를 어떻게 생각할까 생각해 보자. 참 괜찮은 사람이라고 기억해 준다면 얼마나 좋을까. 그러나 그것은 내 욕심일 뿐 누가 뭐래도 내 삶의 열매로 나를 기억할 것이니까. 여기까지 생각하니 지금까지 살아온 내 삶이 무가치하고 헛된 것 같은 생각에 정신이 드는 것 같다. 무엇으로 내 삶을 아름답게 할 수 있을까? 그래 모든 이기심을 버리고 꽃처럼 살자! 주변을 환하고 밝게 해주는 예쁜 꽃이고 싶어진다.

첫돌을 맞는 보라에게

보라야!
이름만 들어도 우
리 입은 귀밑에 걸리
고
어어! 하는 네 소
리만 들어도
우리 마음은 기쁨
으로 가득 차는구나.

보라야! 사랑스런 보라야!
아무리 보고 또 봐도 질리지 않는 우리 아가 보라야!
오늘은 네가 태어난 지 일 년이 되는 날이구나.
그 동안 예쁘고 건강하게 잘 자라줘서 고맙다.

작년 이맘때 신종 풀루라는
감기가 유행할 때
하필 네가 감기에 걸려서
하룻밤을 병원 중환자실에 격리 당했던
그때 일을 생각하면 지금도 마음이 아프단다.
너는 세상에 태어난 지 한 달밖에 안 되었는데 말이다.
그 때의 충격이 너에게는 하늘만큼이나
땅만큼이나 컸을 줄 안다.

너는 말할 줄 몰라 아무 말도 못 했겠지만
하루 만에 다시 본 너의 얼굴에 피멍이 진 듯
검붉은 것을 보고선 놀랐단다.
아무것도 모르는 너를 굳이 격리하게 한 무서운 병이
다시는 없었으면 한다.
그리고 그 무서운 충격이
너의 인생에 좋은 결과를 가져왔으면 하는 바람이다.

보라야,
너를 일찍부터 연단하신 우리 하나님은
우리 보라를 통해 어떤 영광을 받으시려 할까 궁금하구나.
벌써부터 혼자서 밥을 먹고,
물을 마시는 네 모습을 보면
넌 독립심이 강한 아이로 클 것 같구나.
양처럼 순하디 순한 눈빛을 볼 때마다
조금은 강해졌으면 싶을 때도 있는데
제 앞가림을 하는 널 보니 대견하기만 하구나.

요즘 우리의 기도는
선희와 보라가
몸도 맘도 예쁘고 건강하게
잘 자라게 해달라는 것이란다.
또한 어디를 가든지
사랑받고 쓰임 받는 사람이 되게 해달라는 것은 물론,
남을 배려하고

모든 주변 사람을
사랑할 줄 아는 사람이 되게 해달라는 것이란다.
나보다 못한 사람을 생각할 줄 알고
나보다 약한 사람을 도울 줄 아는 사람이 되길 바란다.
부디 건강하게 잘 자라서
세상의 빛과 소금이 되어라.
보라야, 선희야 사랑한다.
우리 보라 파이팅!

2010. 4. 22
보라와 선희를 사랑하는 외할아버지와 할머니가

취미를 되찾아 준 마을문고

중·고등학교 때 자기소개를 해야 할 때면 특기나 취미에 대해 묻곤 했다. 그 때마다 나는 특기엔 서예나 문예를, 취미에도 서예나 문예를 썼던 것 같다. 특기가 곧 취미였고, 취미가 또한 특기였던 것이다. 그때만 해도 TV가 많지 않았고, 영화를 마음대로 볼 수 없었던지라 허구의 세계를 즐겨 찾는 나로선 독서밖에 할 것이 없었는지도 모르겠다. 서예는 초등학교 때부터 선생님이 잘 쓴다고 내 작품을 뽑아 주었을 뿐 아니라 어느 시조 하나를 쓰게 하여 교무실에 붙여놓기까지 했으니 내세울 게 없는 나로선 유일한 자랑거리로 어른이 되어 서예를 배우러 갈 때까지 써먹었다. 하지만 지금은 아니다. 만일 지금 그런 질문을 받는다면 나의 대답은 많이 다를 것이다. '특기'란은 제로 상태로 놔야겠고, '취미'란은 TV보기라고 해야 할 것 같다.

요즘 나는 마을문고에 가서 책을 빌려다 보고 있다. 어느 날 동사무소에 볼일이 있어서 가보니 회의실이라는 곳엔 담당직원 외엔 아무도 없고 대신 책이 가득 차 있었다. 무슨 책이냐고 묻자 무료로 대여해 주는 책이라고 했다. 말로만 들었던, 동사무소에서 운영하는 마을문고였던 것이다. 책은 아동도서에서부터 철학, 종교, 과학에까지 다양하게 구색이 갖추어져 있었다. 나는 문학상을 받은 작품만 모아놓은 좋은 소설모음집 한 권을 빌려 왔다. 그 동안 사서 읽고 싶었지만 냉큼 사보지 못한 작품인 만큼 밤을 새워서라도 기한 내에 다 읽으려 했다. 그러나 빌려온 책을 기한 내에 읽지 못했다. 책만 붙들면 졸음이 쏟아지는데 이겨낼 재간이 없었다. 왜 그럴까. 내 스스로 생각해도 이해가 안 갔다. 그러나 TV를 켜면 잠이 싹 달아났다. 갈등과 불륜과 오해로 뒤덮인 시시콜콜한 사랑 이야기를 나열한 연속극을 웃기네 하면서도 열심히 보았다. TV를 끄면 할 일이 없는 것 같아 집안 이곳저곳을 기웃대다가 결국 또 TV를 켜는 것이다. 나는 언제부턴가 나도 모르게 TV중독에 걸려 있었던 것이다.

요즘 미국의 십대 아이들은 컴퓨터 중독에 걸려 있다고 한다. 하루 중 컴퓨터 앞에 앉아 있는 시간이 1시간 이상 4시간인 애들이 전체 아이들의 70% 이상, 5시간 이상 9시간이 12%, 10시간 이상이 4%라고 한다. 우리나라도 산골학교며 섬 지역까지 컴퓨터가 확산되었으니 이에 못지않을 것이라는 추측을 하고도 남는다. 중독은 쉽다. 길들이기만 하면 금방 중독되어 버린다. 그러나 중독에서 벗어나는 일은 쉽지 않은 것 같다. 담배를 끊으려고 금연학교에 다니는 것만 봐도 알 수 있다.

빌려온 책을 다 읽는데 한 달이 걸렸다. 몇 번의 실패 끝에 재 시도를 거듭한 결과 마침내 다 읽은 것이다. 우리나라 국민이 책 안 읽는다는 말이 실감됐다. 한 때는 소설을 쓰겠다고 소설공부까지 한 내가 그토록 책을 안 읽는데 다른 사람인들

말해 뭐할까 싶었다. 문인들 굶어죽기 딱 좋은 세상이다. 하지만 웬만한 문학작품은 다 영화로 만들어져 영화로 보고, 비디오로 볼 수 있는데 바쁜 세상에 굳이 책까지 봐야 할 필요를 못 느끼는 요즘에는 이해해야 할 것 같다.

어쨌든 나는 빌려온 책을 다 읽었다. 몇 년 만인가. 한 권의 소설책을 다 읽은 것이……. 감회가 새로웠다. 나는 하루 중 한 번도 글을 안 읽는 사람은 아니다. 아침 일이 끝나면 삼십 분 이상 두 시간 정도 신문의 새 소식은 물론 사설이나 칼럼과 연재소설 등을 꼼꼼히 읽는 편이다. 하지만 그뿐이었다. 집안의 대·소사를 쫓아다녀야 하고, 교회며 동창회도 나가야 하고, 아이들 뒷바라지를 하다 보니 어느 날부턴가 책읽기가 멀어진 것이다. 그것은 나의 습관이 되었고 결국 책과의 이별이 된 셈이다. 다 읽은 책을 돌려주고 두 번째 마을문고에 갔을 땐 나는 세 권의 책을 빌려 왔다. 다시 시작한 독서는 물 뜨러 산에 갈 때도 책을 가져가고 싶을 만큼 책의 내용이 궁금했다.

소설 쓰기도 다시 하고 싶어졌다. 소설을 읽고 있노라면 그동안 쓰고 싶었던 내 안의 이야기들이 우후죽순처럼 머리를 쳐들고 일어나는 것을 느꼈다. 나는 그 중의 한 가지 이야기를 택해서 쓰기만 하면 된다. 왜 소설을 안 쓰냐고 주변에서 물을 때마다 '이제는 머리가 안 돌아가요'라고 말했는데 그것은 핑계임을 깨달았다.

상상력의 빈곤은 독서를 하지 않는 데서 온 것임도 알았다. 물론 나의 감각은 이제 한창 자라나는 청년기의 것과는 다를 것이다. 그러나 많이 살고 더 많이 경험한 만큼 사실성 있는 이야기를 진솔하게 쓸 수 있다는 장점도 많다.

　이제는 무엇을 어떻게 쓸 것인가를 고민하고 싶다. 그래서 매일 책을 읽으려고 노력한다. 자연 TV를 멀리하게 됐다. 저녁에 남편이 TV를 보는 것도 거슬린다. 잠자리에 누워서도 소설 제목을 생각하고, 길을 걸을 때도 나뭇잎이 어떻게 흔들리는지 관찰하게 된다.

　동사무소 이층에 있는 마을문고가 내 취미를 살려내고 특기를 되살려 주는 계기가 되기를 바란다.(2000. 8)

부끄러운 추억

2013년 6월 15일 1판 1쇄 인쇄
2013년 6월 20일 1판 1쇄 발행

지 은 이 안 은 순
펴 낸 이 심 혁 창
편집위원 원 웅 순
디 자 인 홍 영 민
마 케 팅 정 기 영
관리담당 안 승 준
제작담당 강 희 표

펴낸곳 **도서출판 한글**
서울특별시 서대문구 북아현동 221-7
서울 서대문구 북아현동221-11(영업부)
☎ 02) 363-0301 / FAX 02) 362-8635
E-mail : simsazang@hanmail.net
등록 1980. 2. 20 제312-1980-000009

GOD BLESS YOU

정가 **10,000원**

*
ISBN 97889-7073-371-5-33230